의사 마케팅

의사 마케팅

초판 1쇄 발행 2025. 7. 14.

지은이 이혜원
펴낸이 김병호
펴낸곳 주식회사 바른북스

편집진행 김재영
디자인 최다빈

등록 2019년 4월 3일 제2019-000040호
주소 서울시 성동구 연무장5길 9-16, 301호 (성수동2가, 블루스톤타워)
대표전화 070-7857-9719 | **경영지원** 02-3409-9719 | **팩스** 070-7610-9820

•바른북스는 여러분의 다양한 아이디어와 원고 투고를 설레는 마음으로 기다리고 있습니다.

이메일 barunbooks21@naver.com | **원고투고** barunbooks21@naver.com
홈페이지 www.barunbooks.com | **공식 블로그** blog.naver.com/barunbooks7
공식 포스트 post.naver.com/barunbooks7 | **페이스북** facebook.com/barunbooks7

ⓒ 이혜원, 2025
ISBN 979-11-7263-480-3 03320

•파본이나 잘못된 책은 구입하신 곳에서 교환해드립니다.
•이 책은 저작권법에 따라 보호를 받는 저작물이므로 무단전재 및 복제를 금지하며,
이 책 내용의 전부 및 일부를 이용하려면 반드시 저작권자와 도서출판 바른북스의 서면동의를 받아야 합니다.

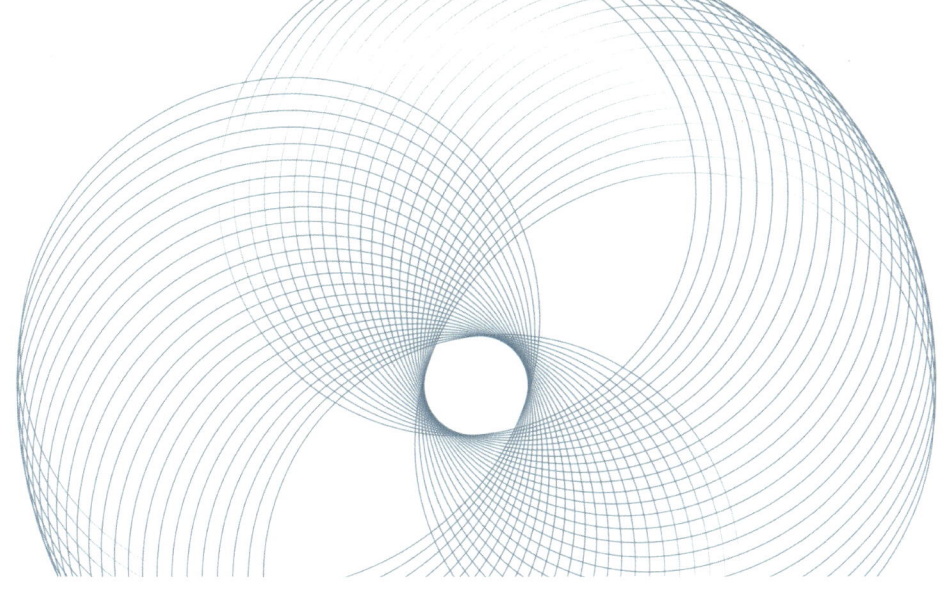

병원이 잘되는 매직
의사 마케팅

이혜원 지음

DOCTOR MARKETING

환자는 병원 이름을 기억하지 않는다
내가 만난 의사를 기억할 뿐

- 퍼스널 브랜딩으로 **후천적 매력지수를 높이기**
- 의사 글쓰기와 온라인 평판으로 **브랜딩 강화하기**
- 의사와 병원을 표현하는 **퍼스널 컬러 찾기**

프롤로그

병원 마케팅을 뛰어넘는 의사 마케팅

작년 이맘때쯤 첫 책인 『코어의 힘—잘되는 한의원, 한방병원의 PR 전략』이라는 책을 쓰고, 출판사와 출간 준비를 했습니다. 그리고 9월 제 첫 책인 『코어의 힘』이 출간되었습니다.

막상 책을 발간하고 나니 첫 책의 대상은 제가 가장 많이 만나보고 잘 아는 한의사, 한의원, 한방병원을 대상으로 좀 더 세밀하게 좁게 독자층에 접근했었습니다. 하지만 막상 출간하고 나니 병원 홍보 마케팅에 대해 좀 더 폭넓은 독자―의료인, 마케터, 학생 등―를 위한 책을 쓰고 싶어졌습니다.

그리고 마침 일명 'SNS 의료대란'(일 10만 명 이상이 이용하는 SNS 매체에 올리는 글, 영상 등은 심의가 필요하다는 보건복지부 공문 발송)이 터졌습니다. 병원 홍보나 마케팅이 절실하지만, 비용 등의 문제로 진료뿐만 아니라 마케팅을 직접 해야 하는 1인 원장님 혹은 초보 홍보 마케팅 담당자를 위해 SNS 운영을 위한 작은 팁이라도 공유해 드리려고 했던 제 책은 출간한 지 얼마 되지 않아 아쉬움을 남기게 되었습니다.

더불어 저 역시 병원 마케팅에 대해 전반적으로 고민을 하게 되었습니다. 때로는 과도하게 이어졌던 병원 자랑 콘텐츠에 제약이 생겼다는 외부 환경을 딛고 어떻게 병원을 알릴 것인가. 지금까지 마케팅의 근간이 되었던 병원의 콘텐츠를 어떻게 담아낼 것인가.

고민 끝에 갑자기 답이 떠올랐습니다. 답은 병원 마케팅이 아닌 의사 마케팅이 중요한 시대가 되었다는 것입니다. 제가 좋아하는 송길영 작가의 책 중에 『시대예보: 핵개인의 시대』라는 책이 있습니다. 이 책에서는 예전에는 가족이나 조직 같은 집단이 중요하다면 앞으로는 개인의 역량이 중요한 시대가 될 것이라고 미래를 예견합니다.

"부장님요? 존경하죠. 한 5분 정도."(송길영 저, 『시대예보: 핵개인의 시대』) 20년 넘게 한 회사에 다니면서 회사와 함께 동고동락했던 부장님의 무용담은 이제 5분 정도의 존경에 지나지 않습니다. 우리가 수많은 글이나 영상을 보며 30초, 1분 웃고 감탄하는 것처럼요.

의사 역시 이 프레임 안에 있습니다. 진료를 하는 3~5분 사이에 존경을 얻을 수 있다면, 그날의 진료는 성공입니다. 우리 병원의 이름은 다 기억하지 못해도 원장님을 반드시 다시 찾아오고, 환자를 소개할 것입니다.

의사 마케팅의 핵심은 『시대예보: 핵개인의 시대』에서 언급하는 5분 존경사회와 맞물려 있습니다. 대학병원 혹은 '빅 5'라고 언급되는 병원이 아니라면 병원 이름, 의사 이름을 기억하기보다 진료를 받았던 의사의 치료, 이미지, 말투, 온라인 커뮤니케이션 등 모든 종합적인 요소가 환자의 마음에 각인되게 됩니다.

그래서 이제는 TV에 자주 보이는 스타 의료진만이 퍼스널 마케팅의 대상이 되는 것은 아닙니다. 이 구역 가장 잘나가는 병원이 되려면 그 병원의 핵심 인물인 의사가 마케팅의 대상이 되는 것이 중요합니다. 그리고 의사 마케팅의 핵심은 심의를 뛰어넘는 의사 본연의 치료 실력, 매너, 철학 등을 얼마나 조화롭게 환자에게 어필하느냐에 달려 있습니다. 이러한 마케팅은 단순히 SNS를 많이 한다고 해서, TV 출연을 한다고 해서 이루어지는 것만은 아닙니다.

이 책에서는 의사에게 왜 퍼스널 마케팅이 중요한지, 그리고 퍼스널 마케팅의 근간은 바로 개인의 매력을 얼마나 잘 알고, 적용하느냐에 있다는 것을 출발점으로 하고 있습니다. 특정 학교 졸업, 특정 병원 출신, 외모, 예의 등 고유한 매력에 대한 지수를 수치화해서 첫 장에서 제안하고 있습니다. 이 수치는 당연히 절대적인 것은 아니지만 환자들이 의사를 선택할 때 어떤 항목에 점수를 주는지에 대한 지표입니다.

이후 챕터에서는 각자의 매력을 바탕으로 퍼스널 마케팅에서 가장 중요한 영역을 온, 오프라인으로 나누고 4가지로 분류하여 각각의 방법을 소개하고, 사례와 함께 전달하고 있습니다. 온라인 영역에서는 글쓰기, 온라인 공간에서의 커뮤니케이션, 오프라인 영역에서는 환자의 경험, 컬러를 다루고 있습니다. 그리고 마지막 장에서는 최근 가장 의사 마케팅이 잘된 사례를 분석하여 의사 퍼스널 마케팅에 대한 이해를 돕고 있습니다.

이제 의사를 기억하게 하고, 병원에 오게 하는 전략이 필요한 때입니다. 저는 인하우스 홍보팀 총괄로 환자의 경험, 컬러 분야에 있어 수준 높은 전문가는 아닙니다. 하지만 병원 일을 해오면서 다뤄온 경험으로 이 챕터를 서술했습니다. 퍼스널 컬러, 환자의 여정 등에 관심을 가지고, 중점을 두고 싶다면 꼭 전문적인 컨설팅을 받아보시기를 권해드립니다.

이 책은 『코어의 힘—잘되는 한의원, 한방병원의 PR 전략』에서 일부 내용이 확장되어 있으며, 책의 사례는 진료과, 상황 등이 실제가 아니며 가공되었음도 함께 밝혀드립니다. 미미하지만 의료인, 인하우스 홍보팀, 마케터, 학생 등 다양한 분들에게 많은 도움이 되었으면 합니다.

목차

| 프롤로그 |

병원 마케팅을 뛰어넘는 의사 마케팅

제1장

의사 마케팅:
병원이 아닌 나를 기억하게 하라

왜 의사에게 퍼스널 브랜딩이 필요한가?   14
의사 퍼스널 브랜딩이 가지는 특수성   18
잘나가는 의사, 잘되는 병원   22
의사 퍼스널 브랜딩의 기초, 매력지수   25
퍼스널 브랜딩으로 후천적 매력지수를 높여라   32

제2장

의사의 글:
글쓰기로 전문성을 표현하라

의사 글쓰기의 핵심, 전문성과 인간미	38
글쓰기의 소재, 바로 병원과 내 안에 있다	42
의료법을 지키는 글쓰기	46
AI와 글쓰기: 똑똑한 보조 작가를 채용하세요	53
스레드: 가장 짧은 글쓰기	57
네이버 플레이스: 가장 핵심적인 글쓰기	62
네이버 블로그: 가장 꾸준한 글쓰기	68
브런치: 가장 철학적인 글쓰기	74
건강 교양서: 가장 종합적인 글쓰기	79

제3장

의사의 온라인 커뮤니케이션:
온라인에서의 이미지를 구축하라

온라인 평판이 이미 반이다	92
채널은 많은데 소통은 먹통?	98
오늘부터 시작하는 체계적인 채널 관리 전략	103
네이버 플레이스: 댓글로 소통하기	108
인스타그램, 스레드: DM으로 소통하기	118
유튜브: 영상과 라이브 방송으로 소통하기	128
홈페이지: 상담 게시판으로 소통하기	137

제4장

의사의 경험 제공: 좋은 경험으로 기억하게 하라

재내원, 환자의 경험이 좌우한다	146
더 좋은 경험으로 소개를 당겨라: 충성 고객 관리하기	152
고객 경험을 측정하는 도구: 네이버 폼	156
카카오톡 비즈메시지: 맞춤형 정보 제공 및 소통	161
인쇄물: 환자의 이해를 돕는 소통	169
차별화된 경험 제공: 특별한 서비스, 이벤트	174
사회 공헌 활동: 의료 봉사, 기부, 공익 건강강좌 등	181

제5장

의사의 컬러: 시각적으로 각인시켜라

시각을 사로잡는 병원의 컬러	194
로고, 슬로건, 디자인: 미리캔버스, 캔바, 망고보드	199
온라인 홈페이지: 시각적 요소의 종합	206
의사의 이미지를 업그레이드하는 컬러	212
나와 맞는 컬러 찾기: 퍼스널 컬러	218
퍼스널 컬러, 더 깊이 알기: 사계절 시스템과 해석	224

제6장

의사 퍼스널 브랜딩 성공 사례 분석

유태우 박사의 닥터 유 234
여에스더 박사의 에스더몰 239
정희원 교수의 저속노화 245
박용우 박사의 스위치온 다이어트 250
정세연 한의사의 식치 255
MZ세대 N잡러 수다꾼, 닥터프렌즈 261

| 에필로그 |

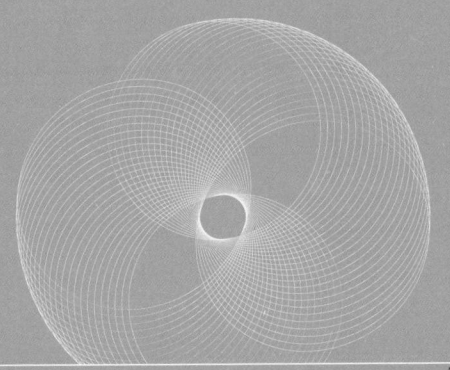

제1장

의사 마케팅: 병원이 아닌 나를 기억하게 하라

DOCTOR MARKETING

왜 의사에게
퍼스널 브랜딩이 필요한가?

　과거에는 병원 이름만으로 환자들이 몰려들던 시대가 있었습니다. 대학병원의 명성, 유명 의료기관의 입소문은 환자들의 발길을 이끄는 강력한 힘이었습니다. 그러나 정보화 시대, 소셜 미디어의 시대가 오면서 환자들의 병원 선택 기준은 급격하게 변화하고 있습니다. 이제 환자들은 병원이라는 간판보다 '나를 진료할 의사'에 주목합니다. 그 의사가 어떤 사람인지, 어떤 전문성을 가졌는지, 나에게 얼마나 공감해 줄 수 있는지를 꼼꼼히 따져보고 병원을 선택합니다. 즉, 환자는 병원 이름을 기억하지 않습니다. 오로지 '내가 만날, 만난 의사'를 기억할 뿐입니다.

　이러한 변화는 의사에게 퍼스널 브랜딩이 필수가 된 이유를 명확하게 설명해 줍니다. 퍼스널 브랜딩은 단순히 개인의 이름을 알리는 마케팅 활동을 뛰어넘어, 의사로서의 전문성, 인간적인 매력, 환자와의 신뢰를 구축하는 온, 오프라인의 모든 활동을 포함합니다. 환자들은 온라인 공간에서 의사의 정보를 탐색하고, 그 과정에서 형성된 호감과 신뢰를 바탕으로 병원을 선택하는 경향이 많아졌습니다. 그리고 내가 가졌던 호감과 신뢰를 병원에 내원하고 확인하면서 라포를 쌓는 과정을 통해 잘 치료받고, 또 다른 환자를 소개하기도 합니다.

최근 환자가 내원 전 의사에게 이미 내적 친밀감을 느끼는 대표적인 온라인 공간으로는 유튜브, 스레드, 인스타그램, 네이버 플레이스 리뷰 등이 있습니다.

'개나 소나 유튜브'라고 할 정도로 유튜브에서는 수많은 의사를 만나볼 수 있습니다. 의사 퍼스널 브랜딩의 길을 열었다고 해도 과언이 아니죠. "텔레비전에 내가 나왔으면 정말 좋겠네!"라는 동요처럼 미디어 입성이 의사들의 희망사항이었던 시대는 지나고, 이제는 1인 1채널의 시대에 돌입했습니다. 전국 다양한 진료과목의 의사들은 딱딱한 의학 정보를 벗어나 환자들이 궁금해하는 질병 정보, 건강관리법, 생활 습관 개선 방법 등을 영상 콘텐츠로 제작하여 공유하고, 환자들은 의학 정보를 얻는 동시에 의사에 대한 친밀감을 느끼고 신뢰를 쌓기도 합니다. 또한, 의사의 진솔한 모습과 인간적인 매력을 보여주는 브이로그, 질의응답 영상 등은 환자와의 또 다른 소통의 창구가 되기도 하고요.

최근 핫한 스레드는 트위터와 유사한 텍스트 기반 소셜 미디어 플랫폼으로, 의사가 환자들과 실시간으로 소통할 수 있는 공간입니다. 짧고 간결한 메시지를 통해 질병에 대한 궁금증을 해소해 주고, 건강 관련 정보를 제공하며, 환자들의 고민에 공감하는 댓글을 남기는 등 친구처럼 편안하게 소통함으로써 환자들은 의사에 대한 친밀감을 느끼게 됩니다. 일명 '스친'으로 격의 없이 대화하면서 실제 병원에 내원할 때 '스친'임을 꼭 알려주세요, 비밀 암호처럼 소통하기도 합니다.

사진과 영상 중심의 소셜 미디어 플랫폼 인스타그램은 의사가 자신의 전문성을 시각적으로 보여줄 수 있는 공간입니다. 수술 전후 사진, 치료 과정 영상, 건강한 식단 사진 등을 공유하며 환자들의 시선을 사로잡고, 자신의 병원 내부 사진, 의료 장비 사진 등을 통해 병원의 신뢰도를 높일 수 있습니다. 또한, 얼짱, 몸짱의 경우 인스타그램으로 얻는 프리미엄은 무시할 수 없습니다.

또한, 환자들은 네이버 플레이스 리뷰, 카페를 통해 병원의 시설, 의료진의 실력, 서비스 만족도 등을 확인하고 병원 선택에 참고합니다. 실제 다녀간 환자들이 남긴 원장님과 나눴던 대화, 따뜻한 격려, 좋아진 상태 등을 세밀하게 기록한 리뷰를 살펴보는 것은 기본이고, 지역, 질환 기반 카페에서 먼저 내원했던 환자들이 남긴 글을 보고 내적 친밀도, 신뢰도를 쌓기도 합니다.

유튜브를 열심히 운영하는 한 류마티스 내과의 예를 들어볼까요. 이곳에 내원한 환자들의 일부는 내과 전문의가 운영하는 채널을 구독하며 질병에 대한 이해를 높였습니다. 류마티스 질환의 종류, 치료법, 관리법 등을 알기 쉽게 설명하고, 환자들이 궁금해하는 질문에 대해 성심껏 답변해 주는 모습에 깊은 신뢰감을 느낀 환자는 집이나 직장에서 다소 거리가 있음에도 A 의사가 근무하는 병원으로 옮겨 진료를 받기 시작했고, 치료에 적극적으로 임하게 되었습니다.

만성 피부 질환을 앓고 있는 박 모 씨는 인스타그램에서 피부과 전문의가 운영하는 계정을 팔로우하며 피부 관리 정보를 얻고 있는데요. B 의사는 자신의 피부 관리 노하우, 피부 질환 치료 사례 등을 사진과 영상으로 공유하며 환자들에게 "좋아요"를 많이 받고, 팔로워 또한 제법 많은 편입니다. 박 모 씨는 B 의사의 전문적인 지식과 친근한 소통 방식에 호감을 느껴 B 의사가 운영하는 병원을 방문하여 상담을 받았고, 맞춤형 치료를 통해 피부 질환을 효과적으로 관리하고 있습니다.

무수히 많은 병원으로 인해 무한 경쟁 시대가 열리면서 퍼스널 브랜딩은 선택이 아닌 필수가 되었습니다. 앞서 언급했던 것처럼 환자들은 온라인 공간에서 의사를 탐색하고, 지인의 경험을 통해 의사의 평판을 묻기도 하고, 그 과정에서 형성된 호감과 신뢰를 바탕으로 병원을 선택합니다. 그리고 선택한 병원에서 내가 상상했던 그 의사가 맞는지 확인하고, 이 과정을 통해 라포를 형성하며 치료를 받게 됩니다. 이 과정이 성공적이라면 가족, 지인 소개로 이어지지만, 실패한다면 오히려 실망감은 커질 수밖에 없습니다. 조화로운 온, 오프라인 의사 퍼스널 마케팅으로 환자에게 '기억되는 의사', 이것이 바로 마케팅비가 아깝지 않은 병원 성공의 지름길입니다.

의사 퍼스널 브랜딩이
가지는 특수성

'퍼스널 브랜딩'이라는 단어가 낯설지 않은 시대입니다. 연예인, 사업가, 심지어 일반인까지 자신을 하나의 브랜드로 만들어 가는 시대니까요.

퍼스널 브랜딩의 개념은 1990년대 후반, 미래학자 톰 피터스가 "미래에는 누구나 CEO가 되어 자신을 경영해야 한다."라고 주장하면서 본격적으로 등장했습니다. 이후 소셜 미디어의 발전과 함께 개인의 영향력이 커지면서 퍼스널 브랜딩은 더욱 중요해졌습니다. 퍼스널 브랜딩은 자신만의 강점, 가치관, 이야기를 명확하게 정의하고, 이를 일관성 있게 전달하여 타인에게 긍정적인 인상을 심어주는 모든 활동을 의미합니다.

하지만 의사의 퍼스널 브랜딩은 조금 다른 결을 가지고 있습니다. 왜냐고요? 의사라는 직업이 가진 특수성 때문입니다.

첫째, 일반적인 퍼스널 브랜딩이 '나를 돋보이게 하는 것'에 초점을 맞춘다면, 의사의 퍼스널 브랜딩은 '신뢰할 수 있는 전문가로서의 나'를 보여주는 데 중점을 두는 것이 중요합니다. 예를 들어, 한 성형외과 의사는 자신의 SNS에 화려한 비포&애프터 사진만 올리는 것이 아니라, 수술의 위험성과 한계점까지 진솔하게 설명합니다. 이런 정직한 소통이 오히려 더 큰 신뢰를 얻고 다른 병원과의 차별화를 꾀하는 이미지 구축이 이루어지게 됩니다.

둘째, 전문성과 친근함 두 마리 토끼를 잡아야 합니다. 우리나라에서 의사에 대한 이중적 이미지 때문입니다. "의사 슨생님은 다 알지 않나요?"라는 우리 부모님 세대의 전지전능적 이미지부터 의대 쏠림, 의느님같이 사회적 선망의 대상까지 전문직으로 우러러보는 이미지는 절대 무너지지 않을 것 같은 견고함이 있습니다. 하지만 나를 만나는 의사는 이러한 견고함을 기본 베이스로 두고, "다정한 의사 선생님, 나의 고통과 아픔을 모두 공감해 주는 의사 선생님"이기를 원합니다.

서울의 한 소아청소년과 원장님의 사례를 들어볼게요. 그는 인스타그램에서 전문의로서 육아 팁을 공유하면서도, 자신도 두 아이의 아빠로서 겪는 고민을 함께 나눕니다. "소아청소년과 의사지만 우리 애도 밤새 울 때가 있어요."라는 솔직한 고백은 오히려 많은 부모의 공감을 얻고 있고, 전문성과 친근함을 모두 얻어 지역 카페에서 평판이 매우 좋은 소아청소년과로 자리 잡았습니다.

셋째, 의사의 퍼스널 브랜딩에서 특히 중요한 것은 '건강'이라는 민감한 주제를 다룬다는 점입니다. 유튜버나 인플루언서의 실수는 사과로 만회할 수 있지만, 의사의 잘못된 정보 전달은 누군가의 건강에 직접적인 영향을 미칠 수 있습니다. 그 때문에 더욱 신중하고 책임감 있는 접근이 필요합니다.

대구의 한 내과 의사는 코로나19 시기에 가짜뉴스가 범람할 때, 그는 SNS에서 팩트체크와 함께 올바른 의학 정보를 제공했고, 이는 그의 전문성을 더욱 돋보이게 했습니다.

또한, 의사의 퍼스널 브랜딩은 사회적 책임과도 연결되기도 하는데요. 부산의 한 소아청소년과 의사는 발달장애 아동을 위한 무료 진료와 교육 프로그램을 운영하며, 이를 SNS에서 자연스럽게 공유합니다. 이런 활동은 마케팅을 위한 것이 아닌, 의사로서의 사회적 책임을 다하는 모습으로 받아들여지며 더 큰 신뢰를 얻고 있습니다.

의사의 퍼스널 브랜딩은 '의료법'이라는 중요한 제약 조건을 가지고 있습니다. 과도한 광고나 허위, 과장된 정보 전달은 법에 따른 제재의 대상이 되기 때문에, 이 테두리 안에서 창의적인 방법을 찾아야 합니다. 특히 최근 일 사용자 100만 명이 넘는 SNS 매체(네이버, 인스타그램 등)에 대한 새로운 의료법 가이드가 적용되면서 구태의연한 혹은 노출에만 급급한 마케팅은 이제 효력을 잃을 수밖에 없습니다. 오히려 이런 제약 속에 개인의 진정성 있는 콘텐츠를 만들어 내야만 하는 시대가 왔습니다.

결국, 의사의 퍼스널 브랜딩은 '신뢰할 수 있는 전문가'와 '친근한 이웃 의사'라는 2가지 이미지의 적절한 조화를 이뤄내는 것이 핵심입니다. 전문성은 잃지 않되 권위적이지 않게, 친근하지만 가볍지 않게, 정보는 정확하되 어렵지 않게 전달하는 것. 이것이 바로 의사만의 특별한 퍼스널 브랜딩이 필요한 이유입니다.

잘나가는 의사, 잘되는 병원

"우리 동네에 새로운 병원이 문을 열었대." 이제 이런 소식에 환자들은 쉽게 발길을 돌리지 않습니다. "어떤 원장님이 진료하시는데?"라고 물어보죠. 화려한 간판과 최신식 의료 장비를 갖췄다는 것만으로는 부족합니다. 환자들은 '누가' 진료하는지에 더 관심이 커졌기 때문입니다.

서울 강남의 대형 성형외과부터 전라도 시골 마을의 작은 의원까지, 성공하는 병원들의 공통점이 있습니다. 바로 환자들에게 '기억되는 의사'가 있다는 것입니다. 이는 꼭 방송에 나오는 스타 의사만을 의미하지 않습니다. 지역 맘카페에서 입소문이 난 소아청소년과 선생님일 수도 있고, 카카오톡 채널로 꾸준히 건강 정보를 전하는 내과 원장님일 수도 있습니다.

경기도의 한 정형외과 원장님은 유튜브 스타도, TV에 나오는 의사도 아닙니다. 하지만 진료 시간에 환자의 이야기를 경청하고, 병원 블로그에 척추 건강관리법을 꾸준히 올리면서 자신만의 브랜드를 만들어 갔습니다. 그 결과 "김 선생님께 진료받고 싶어서 왔어요."라는 환자들이 늘어났고, 자연스럽게 병원의 매출도 증가했습니다.

부산의 한 피부과는 원장실과 진료실마다 각기 다른 매력을 가진 의사들이 진료를 봅니다. 보톡스 시술에 특화된 이 원장님, 레이저 치료의 장인 박 원장님, 여드름 치료의 전문가 김 원장님. 각자의 전문 분야를 SNS와 블로그를 통해 알리면서, 환자들은 자신의 피부 고민에 맞는 의사를 직접 선택해 방문합니다. 덕분에 병원은 환자 맞춤형 진료가 가능해졌고, 환자 만족도도 크게 높아졌습니다.

디지털 플랫폼을 직접 활용하게 되면 마케팅 비용 절감 효과도 빼놓을 수 없습니다. 의사가 직접 SNS, 블로그, 유튜브 등을 통해 의료 정보를 제공하고 소통하면, 별도의 대규모 광고비 없이도 효과적으로 병원을 홍보할 수 있습니다. 이는 마케팅 비용을 절감하면서도 높은 ROI(투자 대비 수익)를 기대할 수 있는 전략입니다. 또한, 의사의 퍼스널 브랜딩이 잘 이루어지면 검색엔진에서 상위 노출이 가능해지고, 긍정적인 온라인 리뷰와 평판이 쌓여 자연스럽게 신규 환자 유입이 증가합니다.

부가 수익 창출 또한 간과할 수 없는 부분입니다. 퍼스널 브랜딩을 통해 의사가 강연, 출판, 온라인 콘텐츠 제작 등 다양한 활동에 참여하면 부가적인 수익을 창출할 수 있습니다. 이러한 활동은 병원의 명성과 신뢰도를 높이는 데도 이바지합니다. 퍼스널 브랜딩이 성공적으로 이루어진 경우, 의사의 이름을 활용한 건강기능식품, 화장품 등 부가 사업으로 확장할 기회가 생깁니다. 이는 병원의 추가적인 수익원을 확보하는 데 도움이 됩니다.

무엇보다 중요한 것은 환자 경험 개선과 만족도 증가입니다. 퍼스널 브랜딩은 의사가 자신의 진료 철학과 가치를 명확히 전달하게 하며, 이를 통해 환자가 더 나은 경험을 할 수 있도록 돕습니다. 이는 환자의 만족도를 높이고 긍정적인 추천을 끌어냅니다. 환자가 병원에서 겪는 모든 접점에서 일관된 긍정적 경험을 제공하면 병원의 브랜드 이미지와 신뢰도가 상승하며, 이는 곧 매출 증대로 이어집니다. 예를 들어, 진료 예약부터 접수, 진료, 검사, 수납, 귀가에 이르기까지 모든 과정에서 환자의 불편함을 최소화하고, 친절하고 세심한 서비스를 제공하는 것이 중요합니다.

결국, 잘나가는 병원의 비결은 잘나가는 의사에 있습니다. 그리고 잘나가는 의사는 저절로 만들어지지 않습니다. 진정성 있는 퍼스널 브랜딩을 통해 환자들에게 신뢰받는 의사가 될 때, 병원의 성장은 자연스럽게 따라오게 됩니다. 화려한 광고나 거창한 마케팅이 아닌, 한 명 한 명의 의사가 만들어 가는 작지만 강력한 브랜드가 우리 병원을 살아나게 합니다.

의사 퍼스널 브랜딩의 기초, 매력지수

"그 원장님은 뭔가 다르더라고요." 환자들의 이런 말 속에는 의사의 매력이 담겨 있습니다. 단순히 외모나 말씨만이 아닌, 전문성과 신뢰감, 친근함이 조화롭게 어우러진 종합적인 매력 말입니다. 퍼스널 브랜딩을 시작하기 전에, 우리는 먼저 이 매력을 객관적으로 들여다볼 필요가 있습니다.

의사의 매력은 크게 4가지 영역으로 나눌 수 있습니다. 첫째는 전문가적 매력도입니다. 전문직 종사자에게 있어 학력은 그 직업을 그만둘 때까지 붙는 꼬리표와 같습니다. 이 부분에 자신감이 있는 의사라면 병원 이름에도 학력을 반영하여 강조합니다. 학력이 곧 실력으로 평가되기 쉬운 직군이니만큼 학력, 수련, 경력 등은 병원 매력의 기본요소로 작용합니다. 최근에는 단지 어느 학교, 어느 병원만 중요한 것이 아니라 최신 의료기술 습득 정도, 치료 성공률, 환자 만족도 등이 모두 전문가적 매력에 포함됩니다.

둘째는 소통 매력도입니다. "아, 이제야 제 병을 제대로 이해하겠어요." 환자의 이런 반응을 끌어내는 것이 바로 소통 매력도입니다. 아무리 뛰어난 실력을 갖췄더라도 환자와 소통하지 못하면 신뢰를 얻기 어렵습니다. 설명 명확성 점수, 환자 이해도 체크 빈도, 의학 용어 친화적 설명 능력, 경청 시간 비율, 공감 능력 측정 등이 중요한 평가 요소입니다. 특히 환자의 감정을 얼마나 정확하게 인지하고, 불안감을 해소해 줄 수 있는지가 중요합니다.

셋째는 인간적 매력도입니다. 친절함, 신뢰성, 진정성은 기본이고, 깔끔한 복장과 진료실 환경, 외모적 매력, 적절한 표정과 목소리 톤까지 모두 포함됩니다. 친절도 점수, 신뢰성 지수, 일관성 평가, 진정성 지표 등이 중요한 평가 요소입니다. 환자들은 의사의 전문성뿐만 아니라, 인간적인 면모에도 끌립니다. 진료실에서 환자를 대하는 태도, 환자의 이야기에 귀 기울이는 모습, 진심으로 환자를 걱정하는 마음 등이 환자의 마음을 움직입니다.

마지막은 디지털 매력도입니다. 현대 사회에서 온라인 평판은 매우 중요합니다. 리뷰 평점, 온라인 멘션, 긍정도, SNS 참여도, 콘텐츠 영향력 등이 중요한 평가 요소입니다. 환자들은 온라인에서 의사에 대한 정보를 검색하고, 다른 환자들의 경험을 참고하여 병원을 선택합니다. 따라서 긍정적인 온라인 평판을 유지하는 것이 매우 중요합니다. 온라인 리뷰 평점, SNS 활동, 콘텐츠의 영향력 등을 측정합니다.

매력도 측정은 스스로 측정, 정기적인 환자 설문 조사, 직원들의 피드백, 미스터리 쇼퍼 프로그램 등 다양한 방법을 통해 이루어질 수 있습니다. 중요한 것은 이러한 측정이 일회성이 아니고 지속해서 이루어져야 한다는 점입니다.

매력은 타고나는 것이 아닙니다. 전문가적 매력도에서 학력, 경력은 쉽게 바꿀 수가 없습니다. 하지만 나머지는 모두 후천적 매력입니다. 얼마든지 개선하고 발전시킬 수 있는 것입니다. 의사의 매력도를 객관적으로 평가하고 꾸준히 관리하는 것, 이것이 바로 성공적인 퍼스널 브랜딩의 첫걸음입니다.

의사 매력지수 진단 설문지

아래의 각 항복에 매우 그렇다, 그렇다, 보통이다, 그렇지 않다, 전혀 그렇지 않다 혹은 1~5점으로 답변하고, 항목마다 점수를 체크해 주세요.

5점: 매우 그렇다.
4점: 그렇다
3점: 보통이다
2점: 그렇지 않다
1점: 전혀 그렇지 않다

A. 전문가적 매력도(총점 25점)

1. 학력: 졸업학교를 체크해 주세요(의대 기준)
   (1) 빅 5(5점) (2) 인서울(4점) (3) 수도권(3점)
   (4) 삼룡, 지거국, 지방거점(2점) (5) 기타(1점)

- 치대
    (1) TOP 3(5점) (2) 지거국, 지방거점(3점) (3) 기타(2점)
- 한의대
    (1) 경희대(5점) (2) 기타(3점)

(본 항목은 입시 기준의 용어를 사용하였으며, 지방거점에 대한 프리미엄은 배제되었습니다. 1~5점을 매기기 위한 기준으로만 봐주시면 되겠습니다)

2. 최신 지식 습득: 의학 분야의 최신 연구 및 기술 동향을 꾸준히 학습하고 있습니까?
    (1) 매우 그렇다(5점) (2) 그렇다(4점) (3) 보통이다(3점)
    (4) 그렇지 않다(2점) (5) 매우 그렇지 않다(1점)

3. 학술 활동: 학회 발표, 논문 게재 등 학술 활동에 적극적으로 참여하고 있습니까?
    (1) 매우 그렇다(5점) (2) 그렇다(4점) (3) 보통이다(3점)
    (4) 그렇지 않다(2점) (5) 매우 그렇지 않다(1점)

4. 임상 경험: 다양한 환자 사례를 경험하고, 치료 결과를 많이 보유하고 있습니까?
    (1) 매우 그렇다(5점) (2) 그렇다(4점) (3) 보통이다(3점)
    (4) 그렇지 않다(2점) (5) 매우 그렇지 않다(1점)

5. 자격: 전문의 자격, 추가 인증 등 전문성을 입증할 수 있는 학위, 임상 경험을 갖추고 있습니까?
    (1) 매우 그렇다(5점) (2) 그렇다(4점) (3) 보통이다(3점)
    (4) 그렇지 않다(2점) (5) 매우 그렇지 않다(1점)

B. 소통 매력도(총점 25점)

1. 명확한 설명: 환자가 이해하기 쉬운 언어로 질병과 치료법을 설명할 수 있습니까?
   - (1) 매우 그렇다(5점) (2) 그렇다(4점) (3) 보통이다(3점)
   - (4) 그렇지 않다(2점) (5) 매우 그렇지 않다(1점)

2. 경청: 환자의 말을 주의 깊게 듣고, 질문에 성실하게 답변합니까?
   - (1) 매우 그렇다(5점) (2) 그렇다(4점) (3) 보통이다(3점)
   - (4) 그렇지 않다(2점) (5) 매우 그렇지 않다(1점)

3. 공감: 환자의 감정을 이해하고 공감하는 태도를 보입니까?
   - (1) 매우 그렇다(5점) (2) 그렇다(4점) (3) 보통이다(3점)
   - (4) 그렇지 않다(2점) (5) 매우 그렇지 않다(1점)

4. 비언어적 소통: 표정, 몸짓, 목소리 톤 등 비언어적 요소들을 효과적으로 활용하여 환자와 소통합니까?
   - (1) 매우 그렇다(5점) (2) 그렇다(4점) (3) 보통이다(3점)
   - (4) 그렇지 않다(2점) (5) 매우 그렇지 않다(1점)

5. 신뢰감: 환자에게 신뢰감을 주는 언행을 사용합니까?
   - (1) 매우 그렇다(5점) (2) 그렇다(4점) (3) 보통이다(3점)
   - (4) 그렇지 않다(2점) (5) 매우 그렇지 않다 (1점)

C. 외적 매력도(총점 25점)

1 헤어: 헤어스타일이 단정하고 깔끔합니까?
   - (1) 매우 그렇다(5점) (2) 그렇다(4점) (3) 보통이다(3점)
   - (4) 그렇지 않다(2점) (5) 매우 그렇지 않다(1점)

2. 표정: 밝고 에너지가 있는 표정을 짓고 있습니까?
   (1) 매우 그렇다(5점) (2) 그렇다(4점) (3) 보통이다(3점)
   (4) 그렇지 않다(2점) (5) 매우 그렇지 않다(1점)

3. 복장: 잘 어울리는 복장(가운 내 셔츠, 신발 등)을 하고 있습니까?
   (1) 매우 그렇다(5점) (2) 그렇다(4점) (3) 보통이다(3점)
   (4) 그렇지 않다(2점) (5) 매우 그렇지 않다(1점)

4. 피부 톤 : 안색이 밝고, 피부에 윤기가 있습니까?
   (1) 매우 그렇다(5점) (2) 그렇다(4점) (3) 보통이다(3점)
   (4) 그렇지 않다(2점) (5) 매우 그렇지 않다(1점)

5. 컬러 및 액세서리: 메이크업, 액세서리(안경, 귀걸이, 반지, 시계 등)를 적절하게 사용하고 있습니까?
   (1) 매우 그렇다(5점) (2) 그렇다(4점) (3) 보통이다(3점)
   (4) 그렇지 않다(2점) (5) 매우 그렇지 않다(1점)

D. 디지털 매력도(총점 25점)

1. 온라인 리뷰: 온라인상에서 긍정적인 평판을 유지하고 있습니까?
   (1) 매우 그렇다(5점) (2) 그렇다(4점) (3) 보통이다(3점)
   (4) 그렇지 않다(2점) (5) 매우 그렇지 않다(1점)

2. 콘텐츠: 유용한 의학 정보를 담은 콘텐츠를 제작하여 공유하고 있습니까?
   (1) 매우 그렇다(5점) (2) 그렇다(4점) (3) 보통이다(3점)
   (4) 그렇지 않다(2점) (5) 매우 그렇지 않다(1점)

3. 소통: SNS, 블로그 등을 통해 환자들과 적극적으로 소통하고 있습니까?
   (1) 매우 그렇다(5점) (2) 그렇다(4점) (3) 보통이다(3점)

(4) 그렇지 않다(2점) (5) 매우 그렇지 않다(1점)

4. 접근성: 온라인상에서 쉽게 찾고 연락할 수 있도록 홈페이지, 플레이스 등의 정보를 제공하고 있습니까?
   (1) 매우 그렇다(5점) (2) 그렇다(4점) (3) 보통이다(3점)
   (4) 그렇지 않다(2점) (5) 매우 그렇지 않다(1점)

5. 노출: 운영하는 채널들이 쉽게 검색이 되고 있습니까?
   (1) 매우 그렇다(5점) (2) 그렇다(4점) (3) 보통이다(3점)
   (4) 그렇지 않다(2점) (5) 매우 그렇지 않다(1점)

총점 계산: 영역별 점수를 합산하여 총점을 계산합니다.

- 전문가적 매력도: A 영역 점수 합계
- 소통 매력도: B 영역 점수 합계
- 외적 매력도: C 영역 점수 합계
- 디지털 매력도: D 영역 점수 합계
- 총점: A+B+C+D

결과 해석

- 80점 이상: 매우 뛰어난 매력의 소유자
- 60점~79점: 양호함. 강점을 더욱 강화하고, 약점을 보완하기 위해 노력 필요
- 40점~59점: 보통. 부족한 부분에 대한 개선 필요
- 40점 미만: 개선 필요. 전문가의 도움이 필요

퍼스널 브랜딩으로
후천적 매력지수를 높여라

혹시 '육각형 인간'이라는 말을 들어보셨나요? 이는 마치 완벽한 육각형처럼, 뛰어난 능력과 매력을 고루 갖춘 사람을 일컫는 신조어입니다. 요즘 젊은 세대들은 학력, 재력, 외모, 성격, 유머 감각, 뛰어난 사회성까지 모든 면에서 완벽한 사람을 동경한다고 합니다.

의사에게도 '육각형'의 기준이 있을까요? 환자들이 기억하는 매력적인 의사는 바로 이 육각형의 각 면처럼, 6가지 핵심 요소가 조화롭게 어우러진 결과물입니다. 이 요소들은 서로를 지지하며 완벽한 형태의 매력을 만들어 냅니다.

첫 번째 면은 '말'입니다. "의사 선생님 말씀을 들으니 마음이 놓여요." 이런 환자의 반응은 우연히 나오지 않습니다. 소아청소년과 의사가 아이의 상태를 설명할 때는 반드시 부모의 눈을 바라보며 "걱정되시죠?"라는 말을 덧붙이면 다급한 마음을 가진 엄마들의 마음은 그 한마디에 안심이 되기 쉽습니다. 전문성과 공감이 담긴 말 한마디가 환자의 불안을 덜어주고 신뢰를 쌓는 것입니다.

두 번째 면은 '글'입니다. 글쓰기는 의사의 전문성과 인간미를 동시에 보여줄 수 있는 강력한 도구입니다. 특히 외향적인 성격으로 말을 잘하는 의사 대비 말솜씨가 없거나 과묵하다고 느껴지는 분 중에 글재주가 있는 분들이 참 많습니다. 글을 이용해서도 얼마든지 퍼스널 브랜딩이 가능한 시대입니다. 블로그에 〈허리 통증 일기〉를 연재하는 한 정형외과 의사는 의학적 설명과 함께 본인도 겪었던 통증 경험, 극복 과정을 진솔하게 써 내려가다 보니 블로그 이웃이 자신도 모르게 쌓여가고 있었습니다.

세 번째 면은 '온라인 커뮤니케이션'입니다. 디지털 시대에 온라인 존재감은 선택이 아닌 필수가 되었습니다. 네이버 상위 노출을 통해 광고할 때도 의사도 모르는 광고를 하고 있다면 그것은 커뮤니케이션이 아니라 경쟁 병원과 함께 그저 간판을 누가 누가 더 높이 거는 경쟁 외에는 의미가 없습니다. 나의 채널을 가지고 내가 직접 소통하는 의사를 환자들은 더 친근하게 느낍니다.

네 번째 면은 '좋은 경험'입니다. 환자가 병원에서 겪는 모든 순간이 브랜딩의 기회입니다. 서비스 측면에서의 좋은 경험도 중요합니다. 하지만 퍼스널 브랜딩에서 말하는 좋은 경험은 의사 개인에 주목합니다. 예약하기 전 온라인 평판, 커뮤니케이션, 글을 통해 느꼈던 의사의 이미지가 실제 대면했을 때 말, 컬러, 전문성 등과 매칭이 되지 않을 때 환자는 좋은 경험에서 멀어지게 됩니다. 일명 확 깬다는 표현이 딱 들어맞는 순간입니다. 직원의 친절함, 화려한 인테리어는 매력 없는 의사를 전부 커버할 수 없습니다.

다섯 번째 면은 '컬러'입니다. 여기서 컬러는 단순한 색상이 아닌, 의사의 토털 이미지를 의미합니다. 타고난 외모는 크게 바꾸기 어렵지만, 복장, 표정, 액세서리 등 나에게 어울리는 컬러를 제대로 입고, 진료실 환경에도 이러한 것들이 반영된다면 환자들의 호감 지수가 훨씬 올라갈 수밖에 없습니다. 구겨진 가운, 낡은 가운을 입은 의사와 꼭 흰 가운이 아니더라도 어울리는 컬러의 단정한 가운 혹은 수술복을 입은 의사 중 어떤 의사에게 더 호감이 갈까요. 피곤한 표정과 눈 밑 다크서클로 칙칙한 인상을 주는 의사와 밝은 표정, 윤기 있는 피부로 생기가 있어 보이는 의사 중 어떤 의사에게 진료를 받고 싶을까요. 컬러가 제대로 입혀진 의사가 있는 병원은 환자에게 치료가 아닌 기분 좋은 곳, 또 가고 싶은 곳으로 기억하게 합니다.

마지막은 '전문성'입니다. 다른 모든 면을 지탱하는 기본 토대입니다. 학벌이라는 고정 변수를 바꾸기 어려우므로 가장 마지막 요소로 두었지만, 실은 시간이 지날수록 깊어져야 하는 가장 중요한 요소입니다. 학벌이 좋을수록 좋겠지만, 학벌이 전부가 아닙니다. 의사로서의 전문성은 학력에만 머무는 것이 아니라 끊임없는 연구와 임상 경험을 통해 더욱 깊어질 수 있습니다. 아무리 다른 요소가 뛰어나도 의료인으로서의 전문성이 부족하다면 진정한 매력을 발산할 수 없습니다. 꾸준한 학습과 연구를 통해 실력을 갈고닦는 것이 필수입니다.

물론, 이 모든 요소를 완벽하게 갖추기는 쉽지 않습니다. 하지만 희망적인 것은 전문성은 오로지 의사의 몫이지만, 나머지 5가지 요소는 후천적인 노력과 전문가의 도움으로 얼마든지 개발할 수 있다는 점입니다.

이 책에서는 바로 그 '노력'에 집중합니다. 앞으로의 챕터에서는 매력 있는 의사의 퍼스널 브랜딩을 강화할 수 있는 요소들에 대해 다루게 됩니다. 1:1 대화가 주가 되는 '말'을 제외하고 불특정 다수에게 노출될 수 있는 요소인 전문성과 인간미를 동시에 보여주는 '글', 신뢰를 구축하는 '온라인 커뮤니케이션', 기억에 남는 '좋은 경험'을 선사하는 방법, 그리고 마지막으로 어울리는 '컬러'에 대해 이야기해 보겠습니다.

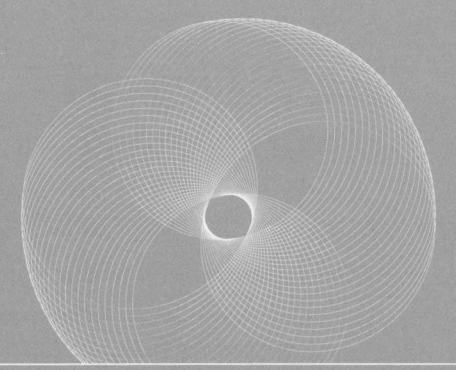

제2장

의사의 글: 글쓰기로 전문성을 표현하라

DOCTOR MARKETING

의사 글쓰기의 핵심, 전문성과 인간미

의사의 퍼스널 브랜딩에서 글쓰기는 가장 강력한 도구 중 하나입니다. 글은 의사의 전문성과 진료 철학을 가장 효과적으로 전달할 수 있는 수단이자, 환자와의 지속적인 관계를 구축하는 핵심 통로이기 때문입니다. 2025년 2월 현재 교보문고 건강 분야 베스트셀러를 보면 정희원 교수의 『저속노화 식사법』, 박용우 박사의 『내 몸 혁명』, 정선근 교수의 『백년허리』가 상위권을 차지하고 있습니다. 이들 의사 저자들은 책을 통해 자신만의 독특한 의학적 관점과 치료 철학을 전달하며, 독자들의 꾸준한 신뢰를 얻고 있습니다.

의료 커뮤니케이션의 지형도 크게 변화했습니다. 과거 의사의 글쓰기는 의학 저널, 신문 칼럼, 건강 교양서와 같은 전문 영역에 국한되었지만, 이제는 블로그, 브런치, 스레드 등 다양한 플랫폼으로 확장되었습니다. 특히 넷플릭스 드라마 〈중증외상센터〉의 성공은 현직 의사의 창작 활동이 대중문화에까지 영향을 미칠 수 있다는 것을 보여준 상징적인 사례입니다.

이러한 변화 속에서 의사의 글쓰기에서 가장 중요한 2가지 요소는 바로 전문성과 인간미입니다. 의사의 글쓰기에서 전문성은 마치 건물의 뼈대와 같습니다. 튼튼한 뼈대가 건물을 지탱하듯, 전문성은 독자에게 신뢰를 줍니다. 의학적 정확성과 깊이 있는 통찰은 독자들에게 믿을 수 있는 정보를 제공하며, 이는 환자들이 자신의 건강 상태에 대한 의사결정을 내릴 때 중요한 기준이 됩니다. 또한, 전문적인 글쓰기는 다른 의료 정보와 차별화된 전문가적 관점을 제시하여 정보의 가치를 높이고, 의료진으로서의 신뢰도를 향상해 환자와의 관계를 더욱 돈독하게 만듭니다.

하지만 뼈대만으로는 건물이 완성될 수 없듯, 전문성만으로는 독자의 마음을 사로잡기 어렵습니다. 여기에 '인간미'라는 따뜻한 옷을 입혀야 합니다. 인간미가 담긴 글쓰기는 딱딱하게 느껴질 수 있는 의학 정보를 보다 친근하고 이해하기 쉽게 전달하며, 환자들이 느끼는 불안과 걱정에 대해 진심으로 공감하는 마음을 표현합니다. 이는 의사와 환자 간의 심리적 거리감을 좁혀 더욱 편안한 소통을 가능하게 하고, 의사 개인의 진료 철학과 가치관을 공유하여 환자에게 깊은 인상을 남깁니다.

환자들은 전문성과 인간미가 조화를 이룬 글을 통해 다양한 이점을 얻습니다. 정보 측면으로는 신뢰할 수 있는 의학 정보를 얻고, 복잡한 의학 정보를 쉽게 이해하며, 자신의 질병과 치료 과정에 대해 명확하게 이해할 수 있습니다. 정서적으로는 의료진에 대한 신뢰감이 형성되고, 치료 과정에서 심리적 안정감을 얻으며, 의사와의 소통에 대한 부담감을 줄일 수 있습니다. 이는 결국 치료 효과 측면으로 이어져, 환자들은 치료 과정에 적극적으로 참여하고, 의료진의 지시사항을 잘 따르며, 전반적인 치료 만족도를 높일 수 있습니다.

최근 의사가 글쓰기를 통해 퍼스널 브랜딩을 강화할 수 있는 범주는 매우 다양해졌습니다. 과거에는 신문 칼럼이나 오프라인 책이 주된 매체였지만, 이제는 그 경계를 넘어 다양한 SNS 채널로 확장되었습니다. 이는 의사들이 반드시 뛰어난 필력이나 장문의 글을 써야 한다는 부담에서 벗어나, 누구나 전문성과 인간미를 반영한 글쓰기에 도전할 수 있음을 의미합니다.

대표적인 채널로는 짧고 간결한 글을 쓸 수 있는 스레드, 깊이 있는 글쓰기가 가능한 블로그와 브런치, 그리고 넓은 독자층을 대상으로 한 건강 교양서 등이 있습니다. 특히 네이버 플레이스의 병원 소개는 누구나 쉽게 접근할 수 있는 글쓰기의 출발점이 될 수 있습니다. 이처럼 다양한 플랫폼에서 의사들은 자신의 전문성을 드러내고 환자와의 소통을 강화할 수 있습니다.

다만 의사의 글쓰기에는 반드시 지켜야 할 원칙이 있습니다. 의료법에 대한 이해는 필수적이며, 특히 SNS나 블로그 활동에서는 더욱 주의가 필요합니다. 최근에는 AI 도구들을 활용해 글쓰기의 효율을 높일 수도 있게 되었습니다. 이는 바쁜 진료 활동 중에도 꾸준한 글쓰기 활동을 가능하게 하는 좋은 도구가 될 수 있습니다.

이어지는 파트에서는 이러한 다양한 채널에서 의사가 글쓰기를 할 때 유의해야 할 점과 효과적으로 글을 쓰는 방법에 대해 원 포인트 레슨 형식으로 다룰 예정입니다. 글쓰기와 친해질 좋은 기회가 되셨으면 좋겠습니다.

글쓰기의 소재,
바로 병원과 내 안에 있다

글쓰기를 시작하려는 많은 의료진이 가장 먼저 부딪히는 벽은 "무엇을 써야 할까?"라는 고민입니다. 하지만 실은 우리가 매일 마주하는 진료실 안에 풍부한 이야깃거리가 있습니다. 전문성과 인간미를 적절히 섞으면 독자들의 마음을 사로잡는 좋은 콘텐츠가 될 수 있습니다.

먼저 전문성을 드러내는 소재는 일상적인 진료 활동에서 찾을 수 있습니다. 첫째, 임상 사례는 가장 강력한 소재입니다. 예를 들어 "봄철 스포츠와 부상"에 대한 주제로 글을 쓸 때는 통계 자료나 진료 경험을 활용할 수 있습니다. "최근 본원 내원 환자의 00%가 염좌로 인해 내원하는 환자"라는 식의 데이터는 내가 진료하는 환자에 관한 사례이자 원내 통계입니다. 내 임상과 더불어 보건의료빅데이터개방시스템, 건강보험심사평가원 등 다양한 기관에서 제공하는 통계 자료를 활용하면 더욱 풍성한 글쓰기가 가능합니다.

둘째, 환자들이 자주 묻는 질문(Q&A)을 정리해 두었다가 FAQ로 정리해 두고, 이를 글감으로 활용하면 실용적인 정보를 제공할 수 있습니다. 실제 Q&A를 활용할 경우 블로그의 소재가 되기도 하고, 이 소재들이 모이면 하나의 도서를 출판할 수도 있는데요. 『내 아이 잘 크고 있나요?—육아 초보 부모가 묻고 50년 경력 의사가 답하는 Q&A 100』(이승구 저), 『통증질환 환문명답—의사에게 물어보고 싶은 통증에 관한 모든 궁금증 환자가 묻고 명의가 답하다』(대한통증학회 저), 『당뇨에 대해 가장 알고 싶은 최다질문 TOP 82』(김지은 저)와 같은 제목들은 환자가 묻고, 의사가 답하는 가장 기본적인 형태를 제목에 반영한 경우라고 볼 수 있습니다.

셋째, 나만의 노하우 만들기도 소재가 됩니다. 노하우를 표현할 때는 주로 숫자를 활용하게 되는데요. 주로 시간, 숫자, '~가지' 등을 활용하여 환자가 어렵지 않게 의사의 노하우에 관심을 두고 따라 하게 만드는 방법입니다. 『매일 10분 두뇌 훈련 첫걸음』(한국치매협회, 동그라미에듀 저), 『치매 예방 90% 가능해지다』(나덕균 저) 등 매일 적용이 가능한 콘텐츠, 가능성을 알려주는 콘텐츠, '~가지'처럼 실천형 콘텐츠 등은 의사에게는 노하우, 환자에게는 챌린지로 흥미를 불러일으킬 수 있습니다.

한편 인간미를 보여주는 소재는 의사 개인의 일상과 경험에서 찾을 수 있습니다.

첫째, 결혼, 출산, 가정, 육아 등은 의사에게도 일상입니다. 실제 산부인과 전문의가 쌍둥이 육아 경험을 공유하거나, 난임 전문의가 자신의 난임 극복 과정을 이야기하는 것은 환자들에게 깊은 공감을 불러일으킬 수 있습니다. 이러한 글쓰기는 주로 인스타그램, 스레드처럼 개인적인 공간에 이미지와 함께 빛을 발하게 되는데요. 내 이야기와 함께 의사로서 환자의 상황을 이해하고 공감을 불러일으킬 수 있다는 점에서 좋은 소재가 됩니다.

둘째, 자기관리나 도전 과정을 공유하는 것도 좋은 소재가 됩니다. 피부과 의사는 본인이 여드름을 관리한 노하우나 꿀피부를 유지하는 방법 등을, 치과 의사는 본인 치아 관리 방법, 자녀 치아 관리 방법 등을 다양한 생활 속 실천 방법이나 제품 사용 등을 리뷰하면서 소재를 만들어 나갈 수 있습니다. 또한, 다이어트, 당뇨처럼 관리가 필요한 질환의 경우 직접 다이어트를 해나가는 과정, 당뇨 식단 및 운동 등을 통해 당뇨 일기 등을 일명 챌린지로 직접 할 수도 있습니다. 자기관리나 도전 과정은 처음에는 블로그, 브런치 등 장문 글쓰기, 연속적 글쓰기가 필요할 때 좋은 소재가 됩니다. 만약 장문의 글쓰기가 조금 낯설다면 이미지와 함께 인증 글로 인스타그램, 스레드에 짧은 글쓰기로도 적합합니다.

셋째, 의사의 또 다른 모습을 보여주는 '부캐' 활동도 매력적인 소재입니다. 통증의학과 전문의가 클래식 기타 연주 영상을 공유하며 병원 로비음악회를 여는 사례, 한식 조리사 자격증을 가진 소아청소년과 의사가 직접 만든 이유식 레시피를 공유하는 사례 등은 의사에 대한 친근감을 높이는 동시에 진료 분야와 자연스럽게 연결되어 전문성도 함께 보여줄 수 있었습니다.

이러한 소재들을 효과적으로 활용하기 위해서는 평소 기록하는 습관이 중요합니다. 임상 사례나 통계는 물론, 일상의 특별한 순간들도 메모해 두면 언제든 좋은 글감이 될 수 있습니다. 소재는 멀리 있지 않고 가까이에 있습니다. 그리고 병원과 나의 이야기가 글의 소재가 될 때 글에 진정성이 담길 수 있습니다.

의료법을 지키는 글쓰기

작년 가을인가부터 병원에는 보건복지부발 공문이 도착하기 시작했습니다. 일 10만 명 이상 이용자가 있는 온라인 플랫폼(네이버, 인스타그램 등)에 글을 게재할 때는 대한의사협회, 치과의사협회, 한의사협회 의료광고심의위원회를 거쳐 심의가 필요하다는 권고문이었습니다.

온라인 플랫폼에서 자유롭게 글을 작성해 오던 의료인들에게는 어떤 글을 심의를 받아야 하는지, 심의를 안 받고는 글을 쓸 수 없는지 지속적인 혼란이 거듭되고 있는데요. 과열된 의료 광고 시장을 겨냥하여 보건복지부에서는 이러한 결정을 내린 것으로 보입니다.

우선 블로그, 인스타그램에 글을 올리기 위해 모든 글을 심의받기란 현실적으로 어려우므로 심의를 안 받으려면 어떻게 글을 작성해야 하는지에 공부가 필요하고, 그 기초는 의료법 숙지에 있습니다. 심의를 받기 위해서는 당연히 의료법이 준수되어야 하고, 심의를 받지 않는 글 또한 의료법이 준수되지 않으면 삭제 대상이 되기 때문이죠.

2024년 10월 29일부터 시행된 개정된 의료법 시행령 제23조는 이를 위한 구체적인 지침을 제공하고 있습니다. 무심코 사용하기 쉬운 표현들이 법규 위반에 해당할 수 있습니다. 상황별로 흔한 실수와 올바른 표현을 예시를 통해 알아보겠습니다.

1. 신의료기술평가 미인증 기술 광고
안전성과 유효성이 검증되지 않은 신의료기술에 대한 광고는 환자에게 불필요한 기대를 심어주고, 위험을 초래할 수 있습니다.
예. "최신 줄기세포 치료로 관절염 완치!", "혁신적인 레이저 치료로 통증 즉시 해소"

2. 치료 효과 과장 표현
특정 의료기관이나 의료인의 진료 방법이 질병 치료에 '반드시' 효과가 있다고 단정하거나, 환자의 치료 경험담이나 6개월 이하의 짧은 임상 경력을 광고하는 것은 과장 광고에 해당합니다.
예. "단 한 번의 시술로 확실한 효과!", "100% 개선 효과 보장"

3. 거짓 또는 과장된 내용
객관적인 사실과 다른 내용으로 의료인, 의료기관, 의료 서비스 등을 광고하는 것은 환자의 판단을 흐리게 하고, 의료에 대한 불신을 초래할 수 있습니다.
예. "국내 유일의 치료법", "세계 최초 도입"

4. 비교 우수성 주장

다른 의료기관이나 의료인의 진료 방법과 비교하여 우수하거나 효과가 있다는 내용을 광고하는 것은 의료 시장의 질서를 어지럽히고, 불필요한 경쟁을 유발할 수 있습니다.

예. "○○병원보다 2배 높은 성공률", "지역 내 최고의 의료진"

5. 비방 목적 광고

다른 의료인을 비방할 목적으로 해당 의료인의 기능 또는 진료 방법에 관해 불리한 사실을 광고하는 것은 의료인 간의 불신을 조장하고, 의료 서비스의 질을 저하시킬 수 있습니다.

예. "타 병원의 구식 장비와는 다릅니다.", "다른 병원에서 실패한 치료도 저희는 가능합니다."

6. 혐오감을 일으키는 시술 장면 노출

수술 장면이나 환부 등을 촬영한 동영상이나 사진으로 혐오감을 일으키는 것을 게재하여 광고하는 것은 환자의 심리적 불편함을 초래하고, 의료에 대한 부정적인 인식을 심어줄 수 있습니다.

예. 수술 중 실제 사진, 시술 전후 환부 사진

7. 중요 정보 누락

의료 행위나 진료 방법 등을 광고하면서 환자의 안전에 심각한 위해를 끼칠 우려가 있는 부작용 등 중요한 정보를 빠뜨리거나 눈에 잘 띄지 않게 광고하는 것은 환자의 알 권리를 침해하고, 의료 사고를 유발할 수 있습니다.

예. 긍정적인 효과만 강조하고 부작용은 작은 글씨로 표기

8. 법적 근거 없는 자격 표방

법적 근거가 없는 자격이나 명칭을 표방하는 내용을 광고하는 것은 환자를 오인하게 하고, 의료 서비스에 대한 신뢰를 떨어뜨릴 수 있습니다.

예. "미용성형 전문의", "통증 치료 전문가"

9. 기사나 전문가 의견을 활용한 광고

특정 의료기관이나 의료인의 기능 또는 진료 방법에 관한 기사나 전문가의 의견을 신문, 인터넷 신문, 정기간행물, 방송 등에 싣거나 방송하면서 해당 의료기관이나 의료인의 연락처나 약도 등의 정보를 함께 제공하여 광고하는 것은 광고 효과를 높이기 위한 편법적인 수단으로 간주할 수 있습니다.

예. "○○일보 선정 올해의 의사", "전문가들이 인정한 최고의 실력"

10. 심의 미이행 광고

의료법 제57조 제1항에 따라 심의 대상이 되는 의료 광고를 심의받지 않거나, 심의받은 내용과 다르게 광고하는 것은 법규 위반에 해당합니다.

예. 의료 광고 심의를 받지 않고 SNS에 게시

11. 비급여 진료비용 할인 · 면제 광고

비급여 진료비용의 할인 · 면제 금액, 대상, 기간이나 범위 또는

할인·면제 이전의 비급여 진료비용에 대해 허위 또는 불명확한 내용이나 정보를 게재하여 광고하는 것은 환자를 유인하는 수단으로 악용될 수 있습니다.

예. "수험생 치아교정 50% 할인! 지금 예약하세요!"

12. 상장·감사장 등을 이용한 광고

각종 상장·감사장 등을 이용하여 광고하거나, 인증·보증·추천을 받았다는 내용을 사용하거나 이와 유사한 내용을 표현하여 광고하는 것은 객관적인 근거 없이 환자를 현혹할 수 있습니다.

예. "우리 병원은 ○○○에서 수여하는 '고객 만족 우수병원' 상을 받았습니다!"

> 의료법 제56조 제2항 치료 효과 보장 금지 관련 문구
> (대한의사협회 의료광고심의위원회
> 사전자율심의기준 배제 단어)

1. 최상급, 극대화를 의미하는 단어
   최고, 최초, 유일한, 최첨단, 첨단, 최상의, 지역 최초, 지역 1위, 특수, 특별, A+, 전문, 특화, 차별화, 특성화, 명품, 선구자, 선도자, 일인자, 완전히 등
   예. 지역 최초 ○○구 유일한 특화의~

2. 확률적으로 0% 또는 100% 의미를 내포한 단어
   부작용 없이, 통증 없이, 완치, 완벽, 가장 안전한 등

3. 치료 기간의 단정적 명시
   일주일이면 치료할 수 있다, 당일 퇴원 등
   (단, 통상적으로 일주일, 당일 퇴원 지향 등 완곡한 표현은 가능)

4. 경험에 대한 단어
   풍부한 경험, 풍부한 노하우, 경륜 있는 등
   (면허 취득 후 만 10년 이상 경과된 경우 가능)

5. 결과 보장적 의미가 내포된 단어
   책임 진료제, 책임 진료, 1:1 책임 관리, 책임 집도 등

6. 여의사 표기
   단독개설자인 경우에만 허용

의료법 미준수 시 처벌 사항

1. 행정처분
   - 시정명령: 의료기관은 위반 사실이 적발되면 시정명령을 받습니다.
   (예. 광고를 중단하고, 수정된 내용으로 재심의를 받으라는 명령)
   - 업무정지: 시정명령을 따르지 않거나, 동일한 위반이 반복될 경우 해당 의료기관은 업무정지 처분을 받을 수 있습니다.

2. 과징금
   심의 미이행 및 허위 광고로 적발되면 과징금이 부과됩니다.
   1일 최대 2,383만 원까지 과징금을 부과할 수 있습니다.

3. 형사처벌
   심각한 위반(예. 거짓·과장 광고나 미심의 광고)을 저지른 경우, 형사처벌이 가능합니다.
   1년 이하의 징역 또는 1,000만 원 이하의 벌금형이 부과될 수 있습니다.

AI와 글쓰기:
똑똑한 보조 작가를 채용하세요

AI를 이용해 글을 써보셨나요? 일명 '10초의 매직'으로 써 내려가는 AI를 보면 '굳이 내가 글을 쓸 이유가 있나.'라는 생각이 들 정도로 놀라움을 금치 못합니다. 진료가 우선인 의료인들이 AI를 잘 사용하게 되면 똑똑한 보조 작가를 고용한 것과 같은 효과를 나타낼 수 있습니다. 환자와의 대화에서 얻은 인사이트, 임상 경험에서 축적된 노하우, 최신 연구 동향에 관한 생각들을 체계적으로 정리하고 표현하는 과정을 AI와 함께할 수 있는데요. 단순히 남들도 다 아는 지식을 물어보는 차원의 글쓰기보다는 가지고 있는 진료 노하우, 철학 등을 AI에 학습시키게 되면 단순히 시간을 절약하는 차원을 넘어 작가라는 또 다른 페르소나를 만들어 볼 수 있습니다.

현재 의료인들이 활용할 수 있는 대표적인 AI 글쓰기 도구로는 글로벌 GPT-4o, Claude, 한국형 뤼튼, 가제트 등이 대표적인데요. 각 도구는 고유한 특성과 장단점을 가지고 있습니다.

GPT-4o(OpenAI)

- 장점: 방대한 의학 지식 데이터베이스, 다양한 글쓰기 스타일 구현 가능, 멀티모달 기능으로 이미지 인식 및 설명 가능
- 단점: 2023년 이전 데이터 기반으로 최신 의학 정보 부족, 간혹 과도한 자신감으로 부정확한 정보 제공 가능
- 적합한 용도: 일반적인 건강 정보 글, 환자 교육 자료, 블로그 포스팅

Claude(Anthropic)

- 장점: 윤리적 고려가 강화된 설계, 긴 텍스트 처리 능력 우수, 맥락 이해도가 높음
- 단점: GPT 대비 의학 전문 용어 이해도가 다소 낮을 수 있음
- 적합한 용도: 의료 윤리 관련 글, 환자 상담 자료, 긴 형식의 건강 교양 콘텐츠

뤼튼(Wrtn)

- 장점: 한국어 특화 모델, 국내 의료 환경과 용어에 대한 이해도 높음, 한국 의료법 고려
- 단점: 영어권 의학 자료 활용 시 다소 제한적, 글로벌 의학 정보 접근성 낮음
- 적합한 용도: 국내 환자 대상 건강 정보, 한국 의료 제도 관련 설명 자료

가제트(Gazette)

- 장점: 한국어 특화, 뉴스 기사 스타일 글쓰기에 강점, 간결한 표현,

목차 형성을 통한 글의 흐름 잡기
- 단점: 심층적인 의학 정보 처리에 한계, 전문적 의학 용어 처리 능력 제한적
- 적합한 용도: 의료 소식, 병원 소식지, 간략한 건강 정보 제공

AI를 글쓰기 보조 작가로 활용하기 위해서는 몇 가지 원칙을 염두에 두어야 합니다. 첫째, 명확한 프롬프트 작성이 필수적입니다. AI는 지시에 따라 결과물이 크게 달라지기 때문에, 모호한 지시는 모호한 결과를 낳습니다. 예를 들어, "50대 제2형 당뇨 환자를 위한 일상 관리 팁을 작성해 주세요. 식이요법, 운동, 혈당 모니터링을 포함하고, 전문적이면서도 환자가 이해하기 쉬운 톤으로 작성해 주세요. 약 800자 분량으로 작성하고, 마지막에는 정기적인 검진의 중요성을 강조해 주세요."와 같은 구체적인 프롬프트는 효과적인 결과물을 얻는 데 도움을 줍니다.

둘째, 개인 경험과 전문성을 공유하는 것이 중요합니다. AI는 보조 작가입니다. 여러분만의 고유한 임상 경험과 전문성을 공유할 때 가장 가치 있는 결과물이 탄생합니다. "20년간 척추 전문의로서 비수술적 허리 디스크 치료를 진행해 왔습니다. 특히 물리치료와 운동 요법을 병행한 보존적 치료로 70% 이상의 환자에게서 긍정적 결과를 얻었습니다. 이러한 내용을 바탕으로 일반인을 위한 허리 디스크 관리 가이드를 작성해 주세요."와 같이 구체적인 정보를 제공하면 AI가 더욱 정확하고 유익한 글을 작성할 수 있습니다.

셋째, 의학적 정확성 검증은 필수적입니다. AI가 생성한 모든 의학 정보는 반드시 검토가 필요합니다. AI는 때때로 '환각(hallucination)'이라 불리는 그럴듯하지만 부정확한 정보를 생성할 수 있습니다. 이를 피하고자 생성된 콘텐츠는 반드시 의학적 사실과 권고사항을 점검하고, 최신 가이드라인과 비교하여 오류가 있는 의학 정보를 생성하지 않도록 유의해야 합니다.

넷째, 의료법 준수에 대한 철저한 검토가 필요합니다. 의료 정보를 다루는 글에서는 법적 규정 준수가 필수적입니다. AI를 활용해 작성된 콘텐츠가 의료법을 위반하지 않도록 주의해야 하며, 특히 과장된 표현이나 허위 광고로 간주할 수 있는 요소를 배제해야 하고요. 이는 환자들에게 신뢰할 수 있는 정보를 제공하는 데 매우 중요하며, 법적 문제를 예방하는 데도 필수적입니다. 따라서 AI가 생성한 초안은 의료 광고 심의 기준을 바탕으로 점검하고, 관련 법규를 철저히 검토한 후 발행하는 것이 중요합니다.

스레드:
가장 짧은 글쓰기

최근 가장 핫한 글쓰기 플랫폼은 '스레드(Threads)'입니다. 인스타그램의 자매 서비스로 시작된 스레드는 500자 이내의 짧은 텍스트, 사진, 동영상을 공유할 수 있는 마이크로블로깅 플랫폼으로, 바쁜 의료인들에게 시간 효율적인 소통 창구라는 점에서 매력이 있는데요.

스레드는 짧고 간결한 메시지를 중심으로 하는 소통 방식이 특징입니다. 트위터(현 X)와 유사하지만, 더 친근하고 캐주얼한 분위기를 가지고 있습니다. 주로 MZ세대가 활발하게 사용하며, 스레드 내에서만 사용하는 독특한 신조어가 발달했다는 특징이 있습니다.

스레드의 어투는 격식을 갖춘 문어체보다 일상 대화처럼 친근한 구어체가 주를 이룹니다. 나이, 직업, 성별을 막론하고 '~해', '~야'와 같은 반말체가 일반적이며, 이모티콘과 해시태그를 적극적으로 활용합니다. 이런 특성은 의사와 환자 사이의 심리적 거리감을 좁히는 데 효과적입니다.

스레드에서 사용되는 언어

- 스레드: 스레드 유저
- 스팔: 스레드 팔로우
- 스팔완: 스레드 팔로우 완료
- 스린이: 스린이 입문자
- 스하리: 스레드 팔로우, 하트, 리포스트의 준말
- 팔로우: 우리가 흔히 아는 팔로우
- 하트: 좋아요
- 리포스트: 스크랩
- 스태기: 스레드 권태기
- 스레빠: 스레드에 드는 현상

아래는 의료인들이 실제 작성한 스레드의 예시입니다.

#1. ○○엄마 치과의사 ○○○
나는 보철과 전문의로서 ○○ 치료를 메인으로 하고 있어. ○○대학교 치과대학을 졸업한 치의학박사야. 지금은 강남구에서 ○○치과를 운영하고 있어. 나 정말 치과 분야에 진심인 사람이거든. 열심히 배우고 진정성 있게 진료하고 있어. 아이들 치아 관리 궁금해? 치의학박사 엄마가 아기 때부터 하고 있는 노하우 다 알려줄게.

#2. 오늘은 응급 수술 00개, 외래 00명. 이 정도는 뭐 껌이지. 당직이라 더 일할 수도 있지만 필수의료는 밤새 병원을 지킨다. 이것이 ○○과의 숙명.

#3. 안녕. 나는 ○○동에서 성형외과를 운영하고 있어. 우리 병원 로비인데 어때? 나 인테리어에 좀 신경 썼거든. 럭셔리한 분위기에서 치료받고 싶은 스친님들 있으면 한번 내원해 줘. 내원하면 스친이라고 꼭 데스크에 말해주기!

스레드 짧은 글쓰기의 핵심은 위의 예시에 포함이 되어 있는데요. 첫째, 자기 정체성 명확히 하기입니다. 첫 번째 예시처럼 "○○엄마 치과 의사 ○○○"와 같이 자신을 정의하는 키워드를 앞에 배치합니다. 전문 분야와 함께 인간적인 면모(엄마, 아빠, 취미 등)를 함께 노출하면 친근감을 형성할 수 있습니다.

둘째, 일상과 전문성의 균형으로 인간미를 보여줄 수 있습니다. 두 번째 예시는 의료인만의 특별한 일상을 보여줍니다. 당직, 수술 건수 등 의료인만의 경험을 공유하면서도, 의학 용어는 최소화하고 일반인도 이해할 수 있는 표현을 사용합니다.

셋째, 시각적 요소를 활용하여 메시지의 효과를 높이는 방법입니다. 세 번째 예시처럼 병원 인테리어, 진료 환경 등의 이미지를 함께 공유하면 메시지의 효과가 배가됩니다. 특히 스레드는 이미지 중심 플랫폼인 인스타그램과 연동되어 있어 시각적 요소가 중요합니다.

넷째, 진정성 있는 소통을 강조하는 방법입니다. "나 정말 치과 분야에 진심인 사람이거든."과 같은 표현은 전문가로서의 열정과 진정성을 드러냅니다. 과장된 마케팅 문구보다 진솔한 이야기가 더 큰 공감을 얻습니다.

다섯째, 상호작용을 유도하는 방법입니다. "아이들 치아 관리 궁금해?"와 같이 질문을 던지거나, "내원하면 스친이라고 꼭 데스크에 말해주기!"처럼 행동을 유도하는 문구를 넣으면 상호작용을 늘릴 수 있습니다.

스레드는 의사의 퍼스널 브랜딩에 다양한 장점을 제공하는데요. 우선, 핸드폰으로 쉽게 작성이 되고, 글의 분량이 많지 않아도 되니 시간 효율성이 뛰어납니다. 바쁜 진료 일정 속에서도 짧은 시간에 작성할 수 있어 지속적인 온라인 존재감을 유지할 수 있고요. 실시간 소통이 가능하기 때문에 댓글과 리포스트를 통해 환자들과 직접 소통하며 신뢰 관계를 구축할 수 있습니다.

또한 스레드는 다른 소셜 미디어와의 연계성이 뛰어납니다. 인스타그램과의 자연스러운 연동을 통해 기존 팔로워를 스레드로 유입시키거나, 스레드에서 형성된 관계를 블로그나 유튜브 등 더 깊이 있는 콘텐츠로 연결할 수 있습니다.

글쓰기에 좀 자신이 없어도! 대화체로 쉽게 접근할 수 있는 스레드는 짧지만 강력한 메시지를 통해 환자들과의 정서적 연결이 용이하다는 장점이 있습니다. 주로 작은 병의원에서 쉽게 시작해 볼 수 있는 글쓰기라 추천해 드립니다.

네이버 플레이스:
가장 핵심적인 글쓰기

소비자 데이터 플랫폼 오픈서베이가 전국에 거주하는 만 15~59세 남녀 1,000명을 대상으로 모바일 설문을 진행한 결과에 의거해 펴낸 '검색 트렌드 리포트 2024'에 따르면 인터넷 사용자가 궁금한 것을 검색할 때 이용하는 플랫폼(중복응답 기준)은 네이버가 1위로 87.0%를 차지했습니다. (조사 기간: 2025.2.14.~2025.2.15.) 2위는 79.9% 기록한 유튜브, 3위는 65.8%를 차지한 구글이 이름을 올렸습니다.

진료를 받기 위한 검색에서도 네이버의 영향력은 당연히 크다고 볼 수 있고요. 이 중 선호도가 높은 섹션으로는 '네이버 플레이스'를 빼놓을 수 없을 것입니다.

네이버 플레이스는 병원 소개라는 정보 제공 영역과 리뷰라는 평가 제공 영역을 통해 환자의 의사결정에 직접적인 영향을 미칩니다. 상세한 병원 정보(위치, 진료 시간, 전문 분야)를 한눈에 제공하고, 실제 환자들의 생생한 후기와 별점을 통해 신뢰성을 강화합니다. 특히 지역 검색에서 상위 노출 되어 잠재 환자들의 접근성을 높이고, 실제 방문 전 진료 시간 확인을 통해 헛걸음을 방지하는 실용적 기능도 제공하고 있습니다.

네이버 플레이스에서 글쓰기 영역은 크게 병원 소개와 리뷰 관리를 들 수 있는데요. 이 중 병원 소개는 병원의 근간을 이야기하는 가장 핵심적인 내용이기 때문에 네이버 플레이스 글쓰기는 가장 핵심적인 글쓰기라는 부제로 이 챕터를 열어보았습니다. 네이버 플레이스를 마케팅적으로 관리할 때 리뷰에는 많은 공을 들이지만, 정작 병원 소개가 부실한 곳도 많이 보았습니다. 일명 '약식 병원 소개서'라고 할 수 있는 네이버 플레이스 병원 소개 글 쓰기는 어떻게 접근할 수 있을까요.

네이버 플레이스의 병원 소개 글은 병원의 첫인상을 결정짓는 중요한 요소입니다. 다음은 진료 특화 한의원의 소개 글 예시입니다.

진맥 전문 한의원, 환자 맞춤형 처방으로 근본 치료를 약속합니다.

안녕하세요, 정통한의학과 현대의학을 접목한 한의원입니다. 진맥 실력으로 전국에서 찾아오시는 환자분들이 많습니다.

◆ 우리 한의원의 특별함
 원장이 직접 한약을 짓고 1차 복용 후 환자에게 제공
 GMP 인증 한국 정품 약재만 사용
 체질에 맞춘 1:1 맞춤 처방

◆ 주요 클리닉
  • 두드러기 클리닉: 콜린성, 한랭, 식중독, 스트레스성 두드러기
  • 다이어트 클리닉: 디톡스, 산후, 체질, 복부비만 다이어트
  • 부인과 클리닉: 난임, 불임, 산후관리, 갱년기장애
  • 관절 클리닉: 목/허리 디스크, 오십견, 테니스 엘보
  • 소아청소년과 클리닉: 성장, 비염, 아토피, 면역력 증진

◆ 진단 방법
  최신 진단 기기와 전통 진맥을 결합한 과학적 진단 시스템으로 몸과 마음을 함께 치유하는 현대정통한의학을 실천합니다.

  환자 한 분 한 분의 원인을 찾아 근본적인 치료를 약속드립니다.

효과적인 병원 소개 글 작성 원칙

1. 강력한 캐치프레이즈로 시작하기
"진맥 전문 한의원", "3명의 전문의가 함께 진료하는" 등 차별점을 강조합니다.

2. 인사말과 병원 철학을 담기
  – 인사말
  – 의료진과 시설 소개
  – 주요 클리닉 및 특화 서비스
  – 환자를 위한 약속

3. 시각적 가독성 높이기
  – 기호(◆, •)를 활용한 정보 구분
  – 핵심 키워드 강조
  – 간결한 문장과 단락 구성

네이버 플레이스는 병원 브랜딩의 핵심 기지입니다. 꼼꼼하게 작성된 소개 글은 환자들에게 신뢰감을 주고, 병원을 선택하는 데 긍정적인 영향을 미칠 것입니다.

[PLUS] MY 기법으로 병원 소개 작성하기

브랜딩을 위한 콘셉트와 스토리 잡기는 My 기법을 1단계로 하여 총 4단계의 과정을 거칠 수 있습니다. My 기법은 불교화 양식인 만다라 기법, 연꽃 기법 등으로 불립니다. 이 방법은 가로세로 3칸씩 구성된 9칸의 상자 중 가운데 상자에 핵심을 적고 그 주위를 둘러싼 나머지 8칸에 세부 목표와 그 세부 목표를 작성하기 위한 전략을 적는 것인데요. 저는 핵심 콘셉트를 찾아내기 위한 필수 요소로 원장, 원장력, 주 환자군, 주 치료 콘셉트, 위치, 이용 서비스, 진료 서비스까지 총 8개 항목을 설정했습니다. 여기에 부가적인 포인트를 나열해 보았는데, 이 포인트는 각자 변형이 가능합니다.

1단계: My 기법을 통한 핵심 콘셉트 찾기(예. 성형외과)

① 원장: 원장의 인간적인 매력
② 원장력: 원장이 가지고 있는 학력, 전문가적인 파워
③ 주 환자군: 어필하는 주 환자군
④ 치료 콘셉트: 특화 치료 콘셉트

⑤ 진료 서비스: 진료 시 제공되는 서비스
⑥ 이용 서비스: 이용 시 제공되는 서비스
⑦ 시설: 인테리어, 컬러 등
⑧ 위치: 위치적 이점

다정한	섬세한	설명 잘하는	야간진료	일요일 공휴일	주차권 제공	박사	○○대	00회 치료
차분한	원장	자신감 있는	픽업 서비스	이용 서비스	우산/책 대여 등	전문의	원장력	00% 만족
친화력 호감	분석적인	박학다식	차 제공	마사지기	예약 서비스	논문	00년 진료	의사 및 타 전공
직장인	2030	가족	원장	서비스	원장력	프로그램	진료 인쇄물	포인트 적립
노인	환자군	여성	환자군	병의원	보조 서비스	00 이상 상담	진료 서비스	프라이빗
4050	중고생	남성	치료 콘셉트	시설	위치	전문상담	저가의	이벤트
코	쌍꺼풀	다이어트	깨끗한	깔끔한	최신의	○○역 가까운	상업지구	오피스
윤곽	치료 콘셉트	재수술	낡은	시설	럭셔리	○○ 사거리	위치	주택가
안면거상	이마	동안	편안한	입원실	단독건물	중심상권	한적한 교외	시장

2단계: 핵심 콘셉트 표에 문장으로 표현하기

My 기법을 통해 우리 병원의 특징을 찾아냈다면 아래 핵심 콘셉트 표에 문장으로 표현해 볼 수 있습니다. 아래의 핵심 콘셉트 표를 참고하여 아래 성형외과는 ○○대 졸업, ○○병원 출신 전문의가 운영하는 병원으로 신도시에 위치하며, 카페 스타일의 인테리어를 갖추고 쌍꺼풀 재수술을 특화한 곳입니다.

원장	고객 이용 서비스	원장력(전문성)
- 차분하게 설명을 잘하는 - 호감형 외모의	- 우산 대여를 해드리는 - 다양한 책이 있는	- ○○대 박사학위를 가진 - 성형외과 전문의의 - 유명 의대를 나온
환자군	**우리 병원의 핵심 콘셉트 찾기**	진료 서비스
- 10~20대 여성들 - 30대 이상		- 초진 00분 이상 상담 - 시간당 예약 추진 00명
치료 콘셉트	시설	위치
- 티 안 나는 재수술 - 쌍꺼풀 복원	- 최신 인테리어 - 카페식 인테리어	- ○○역에 가까운 - 신도시 중심상가 지역 - ○○산 인근 쾌적한 교외

3단계: 병원 자소서로 확대하기

이제 병원의 기본적인 사항(주소, 전화번호, 진료 시간, 인력 사항, 주 진료 클리닉 등)과 함께 핵심 콘셉트 표에서 언급된 주 콘셉트를 더하면 플레이스용 병원 자소서가 완성됩니다. 주 콘셉트 중 중요한 콘셉트는 카피라이팅을 통해 좀 더 강조해 볼 수 있고요. 네이버 플레이스 병원 소개는 한 번 이후 그대로 두는 것이 아니라 변화가 있을 때마다 지속해서 수정하고 업그레이드하는 것이 중요합니다.

네이버 블로그:
가장 꾸준한 글쓰기

　의료인의 온라인 브랜딩 글쓰기에서 가장 꾸준함을 필요로 하는 글쓰기는 네이버 블로그입니다. 하루이틀의 노력으로 만들어지는 것이 아닌, 오랜 시간 축적된 콘텐츠는 네이버 블로그 지수를 올리고, 검색어로 노출을 쉽게 만들어 줍니다.

　하지만 최근 의료법 강화로 인해 의료인의 블로그 운영은 새로운 국면을 맞이했습니다. 포스팅 한 건마다 심의를 받아야 하는 상황이기 때문에 다양한 질환을 다루는 곳일수록 난감해하는 상황이 되었는데요. 심의를 받지 않고 게재할 수 있는 내용은 의료법이 허용하는 기본정보(의료기관명, 위치, 전화번호, 진료과목, 의료인 정보 등)과 공식 인증 정보(전문병원 지정, 의료기관 인증, 전문의 자격 등)과 일명 질환, 치료 정보를 객관적으로 전달하는 '정보성 포스팅'뿐입니다.

　하지만 이러한 제약을 좀 더 창의적으로 극복한다면 오히려 퍼스널 콘텐츠의 본질적인 가치에 집중할 수가 있습니다. 서울 강남의 한 피부과는 직접적인 시술 홍보를 하지 못하게 되자 대표 원장님이 직접 피부 건강에 대한 기초 지식과 생활 습관에 관한 글을 꾸준히 올리다 보니 전문가적 이미지를 구축하게 되었습니다.

그렇다면 최근 정보성 포스팅이라 불리는 포스팅은 어떻게 글을 쓰는 것이 좋을까요.

1. Q&A 형식: 전문가의 시선으로 답하기

환자들이 궁금해하는 질문에 답하는 형식은 가장 직관적이면서도 효과적인 글쓰기 방식입니다. 부산의 한 정형외과 의사는 매주 금요일마다 〈김 박사의 척추 Q&A〉라는 시리즈로 블로그를 운영합니다. "목디스크와 일자목의 관계는 무엇인가요?", "허리 수술 후 재활은 얼마나 필요한가요?", "척추관 협착증, 어떤 운동이 도움이 될까요?" 같은 질문들에 답변하며 자연스럽게 전문성을 드러냅니다.

이런 Q&A 포스팅을 작성할 때 중요한 점은 '우리 병원은 이렇게 치료합니다.'라는 식의 직접적 홍보가 아닌, 의학적 관점에서 표준치료와 정보를 제공하는 것입니다. 예를 들어 "당뇨 환자들이 자주 묻는 10가지 질문"이라는 포스팅을 통해 식이요법, 약물치료, 합병증 관리에 대한 정보를 제공하였다면 당뇨 관리에 대한 철학과 원칙을 담게 되면서 담당 의사에 대한 신뢰도를 높일 수 있습니다.

Q&A 형식의 글을 작성할 때는 검색 데이터를 활용하는 것도 좋은 방법입니다. 네이버 데이터랩이나 구글 트렌드를 통해 사람들

이 많이 검색하는 질문을 파악한 후, 이에 대한 전문적 답변을 제공하는 식으로 포스팅을 구성할 수 있습니다. 서울의 한 소아청소년과 원장님은 "계절별로 학부모들이 많이 검색하는 질병 키워드를 분석해 미리 관련 정보를 준비해 두면, 검색 유입도 늘고 환자 만족도도 높아진다."라고 조언합니다.

2. 증상 중심 정보 전달

환자들은 의학 용어보다 자신이 느끼는 증상에 더 관심이 있게 마련입니다. "척추 측만증의 원인과 치료"보다는 "허리가 한쪽으로 기울어요, 원인이 뭘까요?"라는 제목이 더 많은 공감을 얻습니다.

요즘 같은 봄철이면 "코가 자꾸 간지러워요, 재채기가 멈추지 않아요."라는 제목의 포스팅에 관심을 많이 가질 때죠. 이런 주제로 글을 쓸 때는 이 글에서는 알레르기성 비염의 의학적 설명보다, 환자들이 실제 느끼는 증상을 중심으로 이야기를 풀어나가는 것이 쉽고 재미있게 읽히는 글이 될 수 있습니다. "아침에 일어났을 때 목이 아프고 코가 막히는 증상은 단순 감기가 아닐 수 있습니다. 이런 증상이 반복된다면 알레르기성 비염을 의심해 볼 수 있는데요…" 식으로 시작하는 글은 환자들의 일상 경험에 바로 연결됩니다.

또한, 증상 중심 포스팅은 특히 검색엔진 최적화(SEO)에 유리합니다. 환자들은 병명보다 증상을 검색하는 경우가 많기 때문입니다.

구체적인 예시로, 치과 의사가 작성할 수 있는 증상 중심 포스팅

제목들을 살펴보겠습니다.

"찬물을 마실 때 이가 시려요, 왜 그럴까요?"
"잇몸에서 피가 자꾸 나와요, 무시해도 될까요?"
"이를 닦을 때마다 구역질이 나요, 원인은 무엇일까요?"
"아침에 일어나면 턱이 아파요, 혹시 턱관절 장애인가요?"

이런 방식의 포스팅은 의료 광고 심의 없이도 환자들에게 유용한 정보를 제공하면서, 동시에 의사의 전문성을 자연스럽게 보여줍니다.

3. 철학을 담은 글쓰기: 가치관으로 연결하기

의학적 지식은 많은 의사가 공유하고 있지만, 환자를 바라보는 철학과 치료 접근법은 개인마다 다릅니다. 이런 철학을 담은 글은 단순한 정보 전달을 넘어 환자와 감정적 연결을 만들어 냅니다.

한 정형외과 전문의의 글을 예로 들어볼게요. "통증은 신체가 보내는 메시지입니다."라는 제목의 글에서 급성 통증과 만성 통증의 차이, 그리고 통증에 대한 자신만의 접근 철학을 이야기합니다. "현대 의학은 종종 통증을 단순히 제거해야 할 증상으로만 봅니다. 하지만 통증은 우리 몸이 균형을 잃었음을 알려주는 신호이기도 합니다. 진통제로 일시적 완화를 얻기보다, 통증의 근본 원인을 찾아 몸의 균형을 회복하는 과정이 중요합니다…" 이런 글은 특정 치료법을 홍보하지 않으면서도 의사의 치료 철학을 효과적으로 전달합니다.

만약 생활 습관의 중요성을 강조하고 싶은 가정의학과 의사라면 "약보다 중요한 것은 생활 습관입니다."라는 시리즈를 통해 자신의 예방의학 철학을 공유할 수 있습니다. "고혈압 약을 처방하는 것은 의사로서 쉬운 일입니다. 하지만 환자의 식습관, 운동 패턴, 스트레스 관리 방법을 함께 살펴보지 않는다면, 그것은 반쪽짜리 치료에 불과합니다…." 이런 글은 특정 질환의 직접적인 치료법보다, 건강에 대한 총체적 접근을 강조하며 의사의 차별화된 가치관을 보여줍니다.

네이버 블로그를 효과적으로 운영하기 위해서는 단순히 좋은 글을 쓰는 것 이상의 전략이 필요합니다. 콘텐츠 캘린더를 만들어 계절별, 월별 주제를 미리 기획하거나 주 1~2회 정기적으로 포스팅을 하는 요일을 정해두는 것도 좋은 방법입니다.

네이버 블로그 운영은 즉각적인 효과를 기대하기보다 장기적 브랜드 구축을 목표로 해야 합니다. 블로그를 10년 넘게 운영하신 한 원장님은 "처음 3년은 거의 반응이 없었어요. 하지만 꾸준히 좋은 정보를 쌓아가다 보니 지금은 제 이름을 검색하면 블로그가 상위에 노출됩니다. 환자들도 '원장님 글 잘 보고 있어요.'라며 먼저 이야기해 주실 때가 많아요."라고 이야기하시더라고요.

의료법 규제 속에서도 네이버 블로그는 여전히 의사의 전문성과 철학을 알리는 강력한 도구입니다. 화려한 마케팅보다는 꾸준한 정보 제공과 진정성 있는 소통이 진정한 의사 브랜딩의 핵심입니다. 규제를 장애물이 아닌 차별화 요소로 활용하여, 환자들에게 진정한 가치를 전달하는 블로거로 성장하시길 바랍니다.

> **│ 의료 광고 시 심의받지 않아도 되는 내용**
>
> 의료법 제57조 제3항에 따라 다음 사항만 표기된 광고는 사전심의를 받지 않아도 된다.
>
> 1. 의료기관의 기본정보
>   - 의료기관의 명칭, 소재지, 전화번호
>   - 의료기관이 설치·운영하는 진료과목
>   - 의료기관에 소속된 의료인의 성명, 성별 및 면허의 종류
>   - 의료기관 개설자 및 개설연도
>   - 의료기관의 인터넷 홈페이지 주소
>   - 의료기관의 진료일 및 진료 시간 (예약 진료, 야간 진료 포함)
>
> 2. 공식적인 인증 및 지정 정보
>   - 의료기관이 법 제3조의5 제1항에 따라 전문병원으로 지정받은 사실
>   - 의료기관이 법 제58조 제1항에 따라 의료기관 인증을 받은 사실
>   - 의료기관 개설자 또는 소속 의료인이 법 제77조 제1항에 따라 전문의 자격을 인정받은 사실 및 그 전문 과목

브런치:
가장 철학적인 글쓰기

　브런치는 2015년 카카오가 론칭한 콘텐츠 플랫폼으로, '작가'라고 불리는 사용자들이 자신만의 콘텐츠를 발행하는 공간입니다. 네이버 블로그가 정보 전달과 꾸준함에 초점을 맞춘다면, 브런치는 의사로서의 철학과 사유, 그리고 인간적인 면모를 담기 좋은 플랫폼인데요. 브런치는 일반적인 블로그와 달리 미니멀한 디자인, 깔끔한 레이아웃, 광고 없는 환경을 제공하여 오직 '글' 자체에 집중할 수 있게 합니다. 특히 브런치는 작가 지원 시스템을 갖추고 있어 일정 기준을 통과한 '브런치 작가'에게만 글 발행 권한을 부여한다는 특징이 있습니다.

　단, 브런치 작가로 선정되기 위해서는 심사 과정을 거쳐야 하며, 이 과정에서 글의 질과 작가의 정체성이 중요하게 평가됩니다. 결과적으로 브런치에서 활동하는 작가들은 자신만의 뚜렷한 시각과 문제를 가진 경우가 많습니다. 그러다 보니 블로그처럼 단순 정보 전달을 다루기보다는 의사로서의 고민과 철학을 좀 더 자유롭게 독창적으로 표현할수록 작가 선정에 유리한 측면이 있습니다.

또 다른 특징 중의 하나는 매거진 형태의 발행 시스템입니다. 작가는 자신만의 주제와 콘셉트를 담은 매거진을 만들고, 그 안에 일관된 주제의 글들을 발행합니다. 이런 구조는 의사가 자신의 전문 분야나 철학적 관점을 체계적으로 구축하는 데 적합합니다. 다른 SNS나 블로그처럼 빈번한 업데이트를 요구하지 않기 때문에, 한 편 한 편 깊이 있는 글을 천천히 완성하는 작가들에게 이상적인 환경을 제공합니다.

브런치에서 활동하는 의사들의 가장 큰 특징은 '병원 홍보'보다 '의사 자신의 이야기'에 초점을 맞춘다는 점입니다. 네이버 블로그가 환자들에게 유용한 의학 정보를 전달하는 채널이라면, 브런치는 의사라는 사람이 주체가 되는 글쓰기 공간입니다.

한 응급의학과 의사는 〈응급실의 밤〉이라는 브런치 매거진을 통해 응급실에서 마주한 다양한 인간 군상과 생사의 경계에서 느낀 감정들을 담백하게 풀어냅니다. "응급실은 삶과 죽음, 희망과 절망이 공존하는 곳입니다. 의학 교과서에는 나오지 않는, 그러나 의사로서 배우는 인간에 대한, 삶에 관한 이야기들을 전하고 싶었습니다." 그의 글은 의학적 설명보다 인간적 통찰에 중점을 두며, 이것이 많은 독자의 공감을 얻고 있습니다.

브런치에서 의사들이 주로 다룰 수 있는 콘텐츠는 크게 3가지 유형으로 추천해 볼 수 있습니다.

1. 특정 질환에 대한 심도 있는 이야기

단순한 증상과 치료법을 넘어, 해당 질환이 갖는 사회적, 문화적, 철학적 의미까지 탐구하는 글입니다. 한 내분비내과 의사는 〈당뇨병, 문명의 그림자〉라는 시리즈를 통해 현대 생활방식과 당뇨병의 관계, 식문화와 건강의 연관성, 만성질환과 함께 살아가는 의미 등을 탐구합니다.

"당뇨병은 단순한 혈당 수치의 문제가 아닙니다. 우리 사회의 식습관, 생활 리듬, 스트레스, 그리고 삶의 가치관까지 반영하는 복합적인 현상입니다. 브런치에서는 이런 깊이 있는 주제를 다루며, 환자들이 질병을 넘어 삶 전체를 돌아볼 수 있는 통찰을 제공하고자 합니다."

2. 진료실에서 벌어지는 다양한 에피소드

응급실, 산부인과, 소아청소년과, 치과 등 각 진료 영역에서 경험하는 특별한 순간들과 환자들과의 소통 속에서 배우는 교훈을 담은 이야기입니다. 한 가정의학과 의사는 〈의사의 하루〉라는 매거진에서 다양한 환자들과 만남을 에세이 형식으로 담아냅니다.

"80대 할머니가 손주를 위해 건강검진을 받으러 오신 날, 터미널 암 판정을 받고도 묵묵히 가족을 위해 웃음 짓던 중년 남성, 작은 성공에 함께 기뻐해 준 비만 클리닉 환자…. 이런 만남들이 의사로서의 저를 만들어 왔습니다. 브런치는 이런 소중한 순간들을 기록하고 나누는 공간입니다."

치과의 예를 들면 치과와 두려움이라는 감정을 엮어 치과 공포증이 있는 환자들과의 교감 과정을 섬세하게 그려냅니다. "어린 시절의 트라우마로 20년간 치과를 방문하지 않다가 극심한 통증으로 겨우 내원한 환자가 있었습니다. 그분이 조금씩 신뢰를 쌓아가며 치료를 완료하기까지의 여정은 저에게도 큰 배움이었습니다. 의술도 중요하지만, 결국 사람과 사람 사이의 신뢰가 치료의 시작점이라는 것을 매일 깨닫습니다."

3. 의료인으로서의 소회와 성찰

진료실에서 나누지 못하는 의사로서의 고민, 의료 현실에 대한 비판적 시각, 의사라는 직업에 대한 성찰 등을 담은 글입니다. 한 외과 의사는 〈메스를 드는 마음〉이라는 매거진에서 수술을 앞둔 순간의 긴장감, 실패와 성공의 경계에서 느끼는 두려움, 환자의 생명을 다루는 책임감에 대해 솔직하게 털어놓습니다.

"환자에게는 항상 자신감 있는 모습을 보여야 하지만, 사실 모든 수술 전에는 두려움이 있습니다. '내가 과연 이 환자를 위해 최선을 다할 수 있을까.'라는 의문, 때로는 '내가 선택한 방법이 정말 최선일까.'라는 고민…. 이런 내적 갈등은 의사로서 성장하는 원동력이지만, 진료실에서는 쉽게 표현할 수 없는 부분입니다. 브런치는 이런 솔직한 마음을 나눌 수 있는 공간입니다."

강원도의 한 농촌 지역 의사는 '지방의 의사로 살아간다는 것'이라는 주제로 글을 씁니다. 서울의 대형병원과 농촌 의원의 현실 격차, 의료 접근성의 불평등, 지역 의사로서 느끼는 보람과 한계 등을 솔직히 이야기합니다. 이런 글들은 의료 정책이나, 공공 의료에 대한 사회적 담론을 형성하는 데 이바지할 수 있습니다.

브런치의 가장 큰 매력 중 하나는 출판과의 연결성입니다. 카카오는 브런치 북펀딩이라는 시스템을 통해 우수한 브런치 작가들의 출판을 지원하고 있으며, 많은 출판사가 브런치를 새로운 작가 발굴의 장으로 활용하고 있습니다.

브런치는 의사가 지식 전달자를 넘어 한 명의 작가로 성장할 수 있는 공간이기도 합니다. 의학 정보를 넘어 자신만의 철학, 경험, 통찰을 담은 글을 통해 환자와 독자들에게 더 깊은 차원에서 다가갈 수 있습니다.

네이버 블로그가 의사의 전문성과 신뢰성을 보여주는 창이라면, 브런치는 의사의 인간적인 면모와 사유의 깊이를 드러내는 창입니다. 두 플랫폼을 상호보완적으로 활용한다면, 의사 개인 브랜딩에 더욱 풍성한 결과를 가져올 것입니다.

건강 교양서: 가장 종합적인 글쓰기

의사의 퍼스널 브랜딩 여정에서 건강 교양서 출간은 하나의 정점을 찍는 작업입니다. 블로그나 브런치가 디지털 영역에서의 존재감을 확립한다면, 책은 아날로그 세계에서 확고한 전문가 위치를 구축합니다. 한 권의 책은 단순한 글쓰기를 넘어 의사로서의 철학과 전문성, 경험을 집대성한 결과물이자, 환자와 대중에게 다가가는 가장 권위 있는 소통 도구입니다.

최근 건강 분야 베스트셀러 중 상당수가 의사가 저자인 책인데요. 이는 의학 지식에 대한 대중의 갈증과 함께, 검증된 전문가의 조언을 찾는 현대인의 니즈를 반영합니다.

서울대병원 정희원 교수의 『저속노화 식사법』은 노화 방지와 건강한 장수에 관한 과학적 접근을 담아 50만 부 이상 판매되며 베스트셀러에 올랐습니다. 정 교수는 이 책을 통해 '저속노화'라는 키워드를 자신의 브랜드로 확립했고, 이후 TV 프로그램 출연, 강연, 후속 도서 출간 등으로 영역을 확장했습니다. 책 출간 전에도 뛰어난 의학자였지만, 책을 통해 대중적 인지도와 전문가로서의 위상이 크게 높아졌습니다.

내과 전문의 닥터 라이블리(**본명 최지영**)의 『해독 혁명』은 현대인의 만성질환과 해독의 관계를 설명하며 많은 독자의 공감을 얻었습니다. 그녀는 책 출간 이후 '해독 전문가'로 차별화되어 관련 강연과 프로그램을 진행하며 독보적인 영역을 구축했습니다.

강북삼성병원에 재직 중인 박용우 박사의 『내 몸 혁명』은 대사증후군과 비만에 관한 통찰을 담아 100만 부 이상 판매된 메가 베스트셀러입니다. 그는 책을 통해 "스위치온 다이어트"라는 개념을 확립했고, 이후 유튜브 채널, 후속 도서, 건강 프로그램 등으로 활동 영역을 넓혀가고 있습니다.

이들 사례는 책이 단순한 지식 전달 매체를 넘어 의사의 브랜드 가치를 극대화하는 강력한 도구임을 보여줍니다. 책은 저자에게 'ㅇㅇㅇ 전문가'라는 확고한 정체성을 부여하고, 미디어 출연과 강연 기회를 열어주며, 더 많은 환자들이 찾아오게 하는 자석이 됩니다.

책 집필은 커다란 산처럼 느껴질 수 있습니다. 300페이지를 채울 내용을 떠올리는 것만으로도 부담스럽습니다. 그러나 의사들이 이미 가지고 있는 콘텐츠를 활용한다면, 이 부담을 크게 줄일 수 있습니다.

유튜브 콘텐츠를 책으로 발전시키기

유튜브 콘텐츠를 책으로 발전시키는 과정에서 중요한 점은 영상의 내용을 그대로 옮기는 것이 아니라, 책이라는 매체에 맞게 재구성하는 것이 중요합니다. 이미 유튜브를 찍기 전 원고가 있는 경우가 있다면 그 원고를 활용할 수도 있고, 아래의 방법대로 유튜브의 주제를 모아 이를 기반으로 목차를 짜고, 스크립트를 텍스트로 변환 후에 문어체로 변환하는 작업을 할 수도 있습니다.

A. 유튜브 영상의 주제들을 카테고리별로 분류하기
B. 각 영상의 스크립트를 텍스트로 변환(유튜브는 자동 자막 생성 기능 제공)
C. 영상에서 구두로 설명한 내용을 책에 맞게 문어체로 다듬기
D. 영상에서 사용한 시각 자료를 인쇄에 적합한 형태로 변환
F. 영상에서 다루지 못한 심층 내용 추가하기

유튜브에서는 10분 내외로 핵심만 전달했다면, 책에서는 그 배경지식과 사례, 과학적 근거까지 충분히 담을 수 있고, 영상에서 '무엇'과 '어떻게'에 집중했다면, 책에서는 '왜'라는 질문에 더 깊이 답할 수 있습니다.

유튜브 활동을 통해 이미 팬층이 형성되어 있다면, 책 출간 시 초기 판매에도 큰 도움이 됩니다. 구독자가 이미 있는 유튜브 채널에서 책에 대한 출간 소식을 알리고, 책 관련 라이브를 진행하면서 책 판매 광고를 자연스럽게 할 수 있습니다.

블로그와 브런치 글 모아 책으로 엮기

꾸준히 블로그나 브런치에 글을 써온 의사들에게는 이미 책의 내용이 갖추어져 있습니다. 블로그나 브런치 글을 책으로 발전시키는 과정에서 중요한 점은 단순히 글을 모아놓는 것이 아니라, 하나의 일관된 흐름과 메시지를 가진 책으로 재구성하는 것입니다. 블로그나 브런치의 글을 책에 맞는 글로 발전시키는 방법은 아래와 같은데요.

- A. 모든 글을 날짜순이 아닌 주제별로 분류하기
- B. 핵심 메시지와 일치하는 글만 선별하기
- C. 선택된 글들 사이의 논리적 연결성 확보하기
- D. 글 간의 중복된 내용 정리하기
- F. 필요한 부분은 새로 추가하여 내용의 완성도 높이기
- G. 각 글의 문체와 어조를 통일하여 일관된 읽기 경험 제공하기

블로그에 쓴 글은 각각 독립적으로 읽히도록 작성되었지만, 책은 처음부터 끝까지 일관된 흐름이 있어야 합니다. 또한, 블로그에서는 시의성에 맞춰 작성한 글도 있는데, 책에는 시간이 지나도 가치 있는 내용만 담는 것이 중요합니다.

이렇게 쓴 글을 책으로 출판하는 방법은 크게 전통적인 출판사를 통한 출판, 자비출판, 전자책 출판으로 나눌 수 있습니다. 각 방식은 장단점이 있으며, 저자의 목표와 상황에 따라 적합한 방식을 선택할 수 있습니다.

이 중 가장 손쉬운 방법은 전자책입니다. 전자책은 종이책보다 제작비용이 적고, 글로벌 유통이 쉬우며, 독자와의 상호작용이 활발하다는 장점이 있습니다. 또한, 판매 데이터를 실시간으로 확인할 수 있어 독자 반응에 따른 빠른 대응이 가능합니다.

| 전자책 출판이 유용한 경우

- 작은 초기 비용으로 출판을 시도하고 싶은 경우
- 디지털에 익숙한 젊은 독자층을 표적으로 하는 경우
- 글로벌 시장에 진출하고 싶은 경우
- 콘텐츠를 자주 업데이트하거나 시리즈로 발전시킬 계획이 있는 경우
- 멀티미디어 요소(영상, 오디오 등)를 포함하고 싶은 경우

일반적인 전자책 출판 과정은 다음과 같습니다. 하지만 원고를 준비한 이후 포맷 변환, 표지 디자인, 플랫폼 등록 등은 전자책 전문 출판사를 검색하여 이용하시면 손쉽게 준비할 수 있습니다.

A. 전자책에 적합한 원고 준비
- 디지털 환경에 맞는 구성 및 길이 조정
- 하이퍼링크, 목차 등 전자책 기능 활용

B. 포맷 변환

- ePub, MOBI 등 전자책 포맷으로 변환
- 다양한 디바이스에서의 호환성 검토

C. 표지 디자인

- 디지털 환경에서 돋보이는 표지 제작
- 섬네일 크기에서도 식별 가능한 디자인

D. 전자책 플랫폼 등록

- 아마존 킨들, 구글 플레이 북, 리디북스 등 플랫폼 선택
- 메타데이터(제목, 저자, 설명, 키워드 등) 최적화

F. 가격 전략 및 프로모션

- 적정 판매 가격 설정
- 무료 샘플, 프로모션 기간 활용

전자책이 아닌 종이책을 출판하는 저자가 출판사에 기획안을 내고 책 출판의 전 과정을 출판사 주도로 진행하는 전통적인 출판 방식과 저자가 전 비용을 부담하여 출판을 진행하는 방법이 있습니다.

출판사를 통한 전통적인 출판 방식은 여전히 가장 신뢰받는 방법입니다. 출판사는 편집, 디자인, 마케팅, 유통 등 책 출판의 전 과정을 전문적으로 지원하게 되는데요. 이 과정에서는 매력적인 출판 기획서가 작성되어야 하는 부담이 있습니다. 기존 출간된 책

이 없는 초보 작가에게는 문턱이 높은 편이라 개인적으로 그다지 추천하는 방법은 아닙니다.

출판사를 통한 출판 과정은 일반적으로 다음과 같습니다.

A. 출판 기획서 작성
- 책의 주제와 차별점
- 목차 구성
- 예상 독자층
- 시장 분석(유사 도서와의 차별점)
- 저자 소개 및 마케팅 계획
- 샘플 원고(1~2개 챕터)

B. 출판사 콘택트 및 제안
- 관련 분야의 출판사 조사
- 출판 기획서 발송
- 출판사와의 미팅 및 계약 협상

C. 원고 집필 및 편집 과정
- 출판사의 일정에 맞춰 원고 작성
- 편집자와의 협업을 통한 내용 보완
- 디자인 및 레이아웃 검토

D. 출판 및 마케팅

　– 인쇄 및 출판

　– 언론 보도, 서점 프로모션, 저자 강연 등 마케팅 활동

한편 자비출판(self-publishing)은 저자가 직접 출판 과정을 관리하고 비용을 부담하는 방식으로 첫 출판으로는 접근이 쉽습니다. 저도 첫 책은 자비출판으로 진행을 했는데요. 제가 꼭 하고 싶은 이야기를 전달하는 데 있어 저는 원고에만 전념하고 출판에서 마케팅까지 도움을 받았었습니다. 자비출판 시 원고는 A4 100장 이상을 기본으로 잡고, 원고량을 확보하시는 것이 필요합니다.

> **| 자비출판이 적합한 경우**
>
> – 틈새 주제로 대형 출판사의 관심을 얻기 어려운 경우
> – 내용과 디자인에 대한 완전한 통제권을 원하는 경우
> – 출판 일정을 유연하게 조정하고 싶은 경우
> – 높은 인세율과 수익 구조를 원하는 경우
> – 소량 인쇄 후 반응을 보고 추가 인쇄를 계획하는 경우

자비출판 과정은 일반적으로 다음과 같습니다.

A. 원고 준비 및 출판사 콘택트
- 완성된 원고 작성
- 출판사 콘택트

B. 출판사 출판 작업
- ISBN(국제표준도서번호) 신청
- 표지 디자인 및 내지 레이아웃 작업
- 인쇄소 선정 및 견적 확인

C. 인쇄 및 제작
- 샘플 인쇄 및 검토
- 본 인쇄 진행

D. 유통 및 마케팅
- 온라인 서점 입점 신청
- 자체 마케팅 활동(SNS, 블로그, 유튜브 등)
- 개인 판매 채널 구축(홈페이지, 진료실 내 판매 등)

건강 교양서 출간은 의사의 퍼스널 브랜딩 여정에서 하나의 이정표가 됩니다. 블로그, 브런치, 유튜브 등 다양한 플랫폼에서의 활동이 모여 한 권의 책으로 완성될 때, 의사로서의 전문성과 사람으로서의 철학이 온전히 담긴 결과물이 탄생합니다.

책 출간은 결코 쉬운 일이 아니지만, 이미 다양한 디지털 플랫폼에서 활동해 온 의사들에게는 충분히 도전할 만한 가치가 있는데요. 유튜브, 블로그, 브런치에서 쌓아온 콘텐츠와 경험이 튼튼한 토대가 되어, 건강 교양서 작가로서의 새로운 정체성을 구축할 수 있을 뿐만 아니라 최근 의료법의 제한으로 다루지 못했던 전문성을 책을 통해 충분히 어필하여 병원 마케팅에도 도움이 될 수 있습니다.

과거에는 병원의 위치, 시설, 의료진의 학벌 등이 환자 선택의 주요 기준이었습니다. 하지만 디지털 시대에 접어들면서 환자들은 온라인에서 정보를 탐색하고, 다른 환자들의 경험을 공유하며 병원을 선택합니다. 따라서 의사 개인의 역량과 매력을 아무리 열심히 홍보해도, 온라인 평판이 좋지 않다면 그 노력은 물거품이 될 수 있습니다. 온라인 평판은 이제 환자들의 병원 선택에 결정적인 영향을 미치는 핵심 요소가 되었습니다.

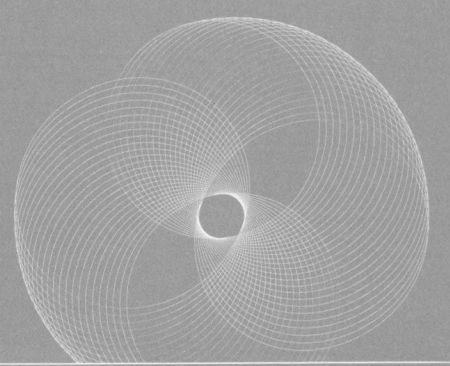

제3장

의사의 온라인 커뮤니케이션: 온라인에서의 이미지를 구축하라

DOCTOR MARKETING

온라인 평판이
이미 반이다

유명 방송 출연, 베스트셀러 작가, 인기 유튜버…. 화려한 타이틀은 의사 개인의 인지도를 높이는 데 효과적입니다. 하지만 이러한 개인 마케팅 활동이 빛을 발하려면, 온라인 평판이라는 튼튼한 토대가 필요합니다. 아무리 인지도가 높아도 온라인에서 부정적인 평가가 쏟아진다면, 환자들은 선뜻 진료실 문을 열지 않을 것입니다.

서울 강남의 한 성형외과 전문의는 "유튜브 채널을 통해 인지도를 높였지만, 일부 환자들이 수술 결과에 불만을 품고 온라인 커뮤니티에 악성 후기를 올리면서 신규 환자 문의가 급감했다."라고 토로합니다. 그는 "온라인 평판 관리가 얼마나 중요한지 뼈저리게 느꼈다."라며, "이제는 유튜브 활동보다 환자들의 불만을 경청하고 해결하는 데 더 많은 시간을 쏟고 있다."라고 말합니다.

반대로, 뛰어난 실력을 갖춘 의사임에도 불구하고 온라인 평판 관리에 소홀하여 빛을 보지 못하는 경우도 많습니다. 경기도의 한 내과 전문의는 "환자 진료에만 집중하느라 온라인 평판에는 전혀 신경 쓰지 못했습니다."라고 말합니다. "최근 온라인 커뮤니티에서 내 이름이 거론되는 것을 보고 깜짝 놀랐습니다. 일부 환자들이 '불친절하다.', '설명을 제대로 해주지 않는다.'라는 평가를 남겼더군요. 실력에는 자신이 있었지만, 온라인 평판이 이렇게 큰 영향을 미치는 줄 몰랐습니다."

온라인 평판은 환자들의 '솔직한 경험'이 담겨 있는 공간입니다. 아무리 화려한 광고 문구로 포장해도, 실제 환자들이 남긴 생생한 후기는 광고보다 더 강력한 설득력을 가집니다. 따라서 의사들은 자신의 온라인 평판을 꼼꼼히 관리하고, 긍정적인 이미지를 구축하기 위해 노력해야 합니다.

의사들의 온라인 평판은 다양한 채널에서 형성되는데요. 병원에서 직접 운영하는 SNS 채널뿐만 아니라, 환자들이 자발적으로 이용 후기를 남기는 플랫폼도 중요합니다. 병원에서 운영하는 블로그, 인스타그램, 페이스북, 유튜브 채널 등은 환자들과 직접 소통하고 병원의 정보를 제공하는 중요한 창구입니다. 하지만 이러한 채널은 일방적인 정보 전달에 그치기 쉽고, 환자들의 솔직한 의견을 듣기 어렵다는 한계가 있습니다.

가장 중요한 네이버 플레이스: 지역 기반 정보와 리뷰

네이버 플레이스는 병원의 기본정보(**위치**, **진료 시간**, **연락처** 등)와 함께 환자들의 리뷰를 제공하는 플랫폼입니다. 지역 기반으로 병원을 찾는 환자들이 주로 이용하기 때문에, 지역 병원들의 온라인 평판에 큰 영향을 미칩니다.

사용자 경험 채널: 강남언니, 바비톡, 굿닥 등

'강남언니', '바비톡'과 같은 앱은 성형외과, 피부과 등 특정 분야의 병원 정보를 제공하고, 환자들이 시술 후기를 공유하는 커뮤니티 기능을 제공합니다. 이러한 앱은 환자들이 솔직한 의견을 교환하는 공간이기 때문에, 병원의 온라인 평판에 미치는 영향력이 매우 큽니다. 성형외과, 피부과 관련 앱 외에도 전체 진료과 굿닥, 암 요양병원 힐링미 등 다양한 사용자 경험 채널이 있습니다.

온라인 커뮤니티 및 카페: 익명성의 힘

맘카페, 지역 커뮤니티, 질병 관련 온라인 카페 등은 익명으로 자유롭게 의견을 교환할 수 있는 공간입니다. 이러한 커뮤니티에서는 특정 병원이나 의사에 대한 칭찬, 불만, 우려 등 다양한 의견이 오가며, 의사들의 온라인 평판에 큰 영향을 미칩니다.

온라인 평판 관리는 단순히 긍정적인 후기를 유도하는 것을 넘어, 환자들의 불만을 경청하고 개선하는 과정을 포함합니다. 다음은 가장 일반적인 온라인 평판 관리 전략인데요. 대표적인 채널의 소통 전략에 대해서는 다음 챕터에서 다루도록 하겠습니다.

1. 적극적인 소통: 댓글과 리뷰에 응답하기

온라인 채널에 올라오는 환자들의 댓글과 리뷰에 적극적으로 응답하는 것은 매우 중요합니다. 칭찬에는 감사를 표하고, 불만에는 정중하게 사과하며 문제 해결을 위해 노력하는 모습을 보여주어야 합니다.

2. 긍정적인 콘텐츠 생산: 가치 있는 정보 제공하기

병원 SNS 채널이나 블로그 등을 통해 환자들에게 유용한 정보를 꾸준히 제공하는 것은 긍정적인 온라인 평판을 구축하는 데 효과적입니다. 질병 예방, 건강관리, 올바른 의학 정보 등 환자들이 필요로 하는 콘텐츠를 제공하고, 전문가로서의 신뢰도를 높이는 것이 필요합니다. 특히 일명 의료법 대란 이후 정보에 대한 가치는 더욱 높아지고 있습니다.

3. 부정적인 콘텐츠에 대한 적절한 대응: 감정적인 대응은 금물

온라인에 부정적인 후기나 비방글이 올라왔을 때는 감정적으로 대응하기보다, 사실관계를 확인하고 객관적인 근거를 제시하며 해명해야 합니다. 답을 회피하거나 감정적으로 싸우는 듯이 대응하는 것은 오히려 여론을 악화시키기 쉽습니다.

4. 온라인 평판 모니터링: 꾸준한 관심과 관리

자신의 병원이나 의사에 대한 온라인 평판을 꾸준히 모니터링하고 관리하는 것은 필수적입니다. 특히, 수년 전 운영하다가 버린 블로그, 카페 등 운영하지 않는 채널은 버려두지 말고 삭제하고, 운영 가능한 채널로만 세팅하는 것이 중요합니다. 온라인 커뮤니티, SNS, 리뷰 사이트 등 다양한 채널을 주시하고, 환자들의 의견을 경청하며 개선점을 찾아야 합니다.

"방송에 나오는 의사", "책을 쓴 의사", "유명 대학병원 출신 의사" 등의 타이틀은 분명 강력한 마케팅 포인트입니다. 그러나 이러한 외부적 성취에도 불구하고, 온라인 평판이 좋지 않다면 모든 노력이 물거품이 될 수 있습니다.

서울의 한 피부과 전문의는 "유명 케이블 채널 건강 프로그램에 정기적으로 출연하면서 인지도가 높아졌지만, 한 환자의 부정적 리뷰가 네이버 플레이스 상단에 고정되면서 내원율이 눈에 띄게 감소했습니다. 방송 출연의 긍정적 효과가 단 하나의 부정적 리뷰로 상쇄된 것이죠."

인천의 한 치과 의사는 "건강 관련 베스트셀러를 출간했지만, 강남언니에서의 낮은 평점이 문제가 되었습니다."고 말합니다. "책을 보고 찾아온 환자들이 '리뷰를 보니 생각보다 평가가 안 좋네요.'라고 언급하는 경우가 많았습니다. 결국 온라인 평판 관리에 집중한 후에야 상황이 개선되었죠."

이런 사례들은 "도로 아미타불"이라는 표현이 적절할 정도로, 온라인 평판이 다른 모든 마케팅 노력을 무력화할 수 있음을 보여줍니다. 미국의료마케팅협회(AMMA)의 연구에 따르면, 환자의 86%가 부정적인 온라인 리뷰를 본 후 해당 의사를 방문하지 않기로 한다고 합니다. 이는 온라인 평판 관리가 얼마나 중요한지를 바로 보여주는 수치입니다.

온라인 평판 관리는 단순한 이미지 관리가 아니라, 실제 의료 서비스 품질 향상으로 이어져야 합니다. 온라인에서 약속한 가치를 오프라인에서 실제로 제공할 때, 진정한 퍼스널 브랜딩이 완성됩니다.

채널은 많은데
소통은 먹통?

　의사의 퍼스널 브랜딩에서 온라인 채널은 환자와의 소통 창구이자 전문성을 보여주는 무대입니다. 그러나 많은 병원이 다양한 온라인 채널을 개설해 놓고도 제대로 관리하지 못하는 '채널 과잉' 상태에 빠져 있습니다. 마치 전화기는 여러 대 갖추어 놓았지만 정작 전화가 오면 받지 않는 것과 같은 상황이죠. 이런 상태에서는 아무리 좋은 콘텐츠를 생산해도, 아무리 뛰어난 의술을 가졌다 해도 환자와의 진정한 소통은 이루어질 수 없습니다.

　"우리 병원은 홈페이지, 블로그, 인스타그램, 페이스북, 유튜브, 카카오톡 채널까지 모두 운영하고 있어요. 처음에는 의욕적으로 시작했지만, 지금은 대부분 방치 상태입니다."

　서울의 한 한방병원 한의사의 고백처럼, 많은 병원이 '멀티채널' 전략을 추구하다가 결국 어느 채널도 제대로 관리하지 못하는 상황에 부닥칩니다. 대한병원협회의 최근 조사에 따르면, 중소 규모 병원들은 평균 4.7개의 온라인 채널을 보유하고 있지만, 이 중 실제로 주 1

회 이상 정기적으로 관리되는 채널은 1.8개에 불과했습니다.

병원의 온라인 채널은 크게 3가지 유형으로 나눌 수 있습니다.

1. 자체 운영 채널

병원이 직접 콘텐츠를 생산하고 관리하는 채널로, 홈페이지, 블로그, 인스타그램, 유튜브, 카카오톡 채널 등이 여기에 속합니다. 이런 채널들은 능동적인 운영이 필요하며, 정기적인 콘텐츠 업데이트와 소통이 핵심입니다.

2. 사용자 경험 중심 채널

사용자들의 리뷰와 평가가 중심이 되는 채널로, 네이버 플레이스, 카카오맵, 구글맵, 강남언니, 바비톡 등의 앱이 이에 해당합니다. 이런 채널들은 직접 콘텐츠를 생산하기보다 환자들의 평가에 적절히 응대하는 것이 중요합니다.

3. 위탁 운영 채널

마케팅 대행사나 외부 전문가에게 운영을 맡긴 채널들입니다. 네이버 블로그, 카페, SNS 등이 종종 이런 방식으로 운영됩니다. 이 경우 대행사와의 소통과 콘텐츠 방향성 공유가 중요합니다.

대구의 한 정형외과 원장은 "채널이 많으면 많을수록 좋다고 생각했는데, 오히려 역효과가 났다."라고 말합니다. "환자들이 인스타그램 DM으로 문의를 보냈는데 몇 달간 확인하지 못했고, 그 환자는 결국 다른 병원을 찾아갔어요. 나중에 우연히 그 환자를 만났을 때 '선생님 병원은 SNS를 하는 척만 하는 것 같았다.'라는 말을 들었을 때 정말 부끄러웠습니다."

채널 관리 부실로 인한 소통 장애는 크게 2가지 유형으로 나타납니다. 둘 다 의사의 퍼스널 브랜딩에 심각한 타격을 줄 수 있습니다.

1. 먹통형: 무응답의 디지털 블랙홀

먹통형은 환자들의 댓글, 리뷰, 문의에 전혀 응답하지 않는 경우입니다. 마치 메아리 없는 동굴에 외치는 것처럼, 환자들은 소통을 시도하지만 아무런 반응도 얻지 못합니다.

네이버 플레이스가 마케팅에서 중요하다고 알고는 있지만, 의외로 아무 답변도 달리지 않는 병원 플레이스 채널도 많습니다. 그러한 원장님들의 변을 들어보면 바빠서 플레이스를 확인할 시간도 없었고, 직원에게 시켰었는데 그 직원이 퇴사하면서 관리를 못 하게 되었다는 스토리가 많습니다. 이렇게 방치되다가 어느 날 진료실에 들어온 환자가 좋은 얘기 써드렸는데 못 보셨냐고 해서 민망한 경험을 하기도 합니다.

먹통형 소통 장애는 특히 위탁 운영 채널에서 자주 발생합니다. 대행사가 바뀌거나 계약이 종료되면서 채널 관리가 중단되는 경우가 많기 때문입니다. 서울의 한 성형외과는 "블로그 운영 대행사를 바꾸면서 이전 계정 정보가 제대로 인계되지 않아 6개월간 블로그가 방치됐다."라고 말합니다. "그동안 쌓인 환자 문의에 답변하지 못했고, 결국 신뢰도 하락으로 이어졌습니다."

2. 앵무새형: 천편일률적 응답의 함정

앵무새형은 어떤 댓글이나 리뷰가 달려도 항상 같은 포맷의 답변만 반복하는 경우입니다. "안녕하세요, OOO 병원입니다. 소중한 의견 감사합니다. 앞으로도 좋은 서비스로 보답하겠습니다. 오늘도 즐거운 하루 보내세요!" 같은 문구가 모든 댓글에 복사-붙여넣기 되는 상황입니다.

인천의 한 내과 의사는 "처음에는 시간을 아끼기 위해 표준 답변을 만들어 사용했는데, 환자들이 '로봇 같다.'라는 반응을 보였다."라고 말합니다. "특히 부정적인 리뷰에 긍정적인 표준 답변을 달았을 때 환자들의 반발이 심했습니다. '내 불만을 제대로 읽지도 않았구나.'라고 느끼게 한 거죠."

경기도의 한 피부과는 카카오톡 채널에서 앵무새형 소통의 한계를 경험했습니다. "자동 응답 시스템을 설정해 두었는데, 환자들의 다양한 질문에 모두 같은 답변이 나가다 보니 불만이 쌓였어요. 결국 '실제 상담원과 연결해 주세요.'라는 요청이 폭주했고, 자동화 시스템의 효율성이 오히려 떨어졌습니다."

앵무새형 소통은 단기적으로는 효율적으로 보일 수 있지만, 장기적으로는 의사와 환자 사이의 진정한 소통을 방해합니다. 환자들은 자신의 목소리가 진정으로 경청되고 있는지를 금방 알아차리기 때문입니다.

오늘부터 시작하는
체계적인 채널 관리 전략

채널이 많다고 좋은 게 아니라, 제대로 관리되는 채널이 있어야 합니다. 차라리 하나의 채널이라도 진정성 있게 소통하는 것이 여러 채널을 버려두는 것보다 낫습니다. 이를 위해 가장 먼저 해야 할 일은 현재 보유한 모든 온라인 채널의 현황을 파악하고 체계적으로 정리하는 것입니다.

1. 채널 인벤토리 작성하기

오늘부터 바로 실행할 수 있는 첫 번째 단계는 병원이 보유한 모든 온라인 채널의 인벤토리(**목록**)를 작성하는 것입니다. 다음 정보를 포함한 엑셀 파일을 만들어 보세요.

- **채널명**(예: 네이버 블로그, 인스타그램, 카카오톡 채널 등)
- URL 또는 계정명
- 아이디와 비밀번호
- 개설일
- 마지막 업데이트 일자

- 현재 관리자(원내 담당자 또는 외부 대행사)

- 구독자/팔로워 수

- 현재 운영 상태(활성/비활성/중단)

2. 채널 평가 및 우선순위 설정

모든 채널을 파악했다면, 각 채널의 효과성과 중요도를 평가하고 우선순위를 설정해야 합니다. 다음 기준을 고려해 보세요.

- 타깃 환자층의 주 이용 채널인가?

- 채널별 환자 유입 및 예약 전환율은 어떠한가?

- 채널 관리에 필요한 시간과 자원은 얼마인가?

- 병원의 전문 분야와 채널의 특성이 잘 맞는가?

3. 불필요한 채널 정리하기

모든 채널을 유지할 필요는 없습니다. 오히려 활용도가 낮거나 관리가 어려운 채널은 과감히 정리하는 것이 좋습니다. 단, 채널을 폐쇄할 때는 다음 사항을 고려해야 합니다.

- 기존 팔로워/구독자에게 다른 활성 채널로 안내하기

- 중요한 콘텐츠는 백업하여 다른 채널로 이전하기

- 폐쇄 사실을 명확히 공지하고 대안 소통 채널 안내하기

4. 채널별 담당자 지정 및 매뉴얼 작성

각 채널마다 명확한 담당자를 지정하고, 관리 매뉴얼을 작성하

는 것이 중요합니다. 이는 담당자가 바뀌더라도 일관된 채널 운영이 가능하게 합니다.

부산의 한 정형외과 전문의는 "원내 직원 교체가 잦아 채널 관리가 중단되는 일이 많았다."고 말합니다. "그래서 각 채널별 상세 매뉴얼을 작성했어요. 콘텐츠 업로드 주기, 댓글 응대 방법, 위기 상황 대처법 등을 모두 문서로 만들었습니다. 덕분에 새 직원이 와도 빠르게 적응할 수 있었습니다."

채널 관리 매뉴얼에 포함되어야 하는 사항
- 콘텐츠 업데이트 주기 및 유형
  - 댓글 및 문의 응대 원칙과 예시
  - 금지된 표현 및 주의사항(의료법 관련)
  - 위기 상황 발생 시 대응 프로토콜
  - 계정 보안 관리 방법

채널 관리는 일회성 작업이 아니라 지속적인 과정입니다. 3~6개월마다 정기적으로 모든 채널의 성과를 평가하고 필요한 조정을 하는 시스템을 구축해야 합니다.

채널 정리와 체계화 이후에는 실제로 효과적인 소통을 위한 전략이 필요합니다. 먹통형과 앵무새형 소통을 피하고, 환자들과 진정성 있는 관계를 구축하는 방법들을 알아보겠습니다.

1. 응답 시간 목표 설정하기

채널별로 적절한 응답 시간 목표를 설정하고 이를 지키려고 노력해야 합니다. 일반적으로 소셜 미디어는 24시간 이내, 이메일이나 게시판 문의는 48시간 이내 응답이 적절합니다.

2. 개인화된 응답 제공하기

앵무새형 소통을 피하기 위해서는 각 댓글과 리뷰의 내용을 제대로 읽고 개인화된 응답을 제공해야 합니다. 환자의 이름(닉네임)을 언급하고, 구체적인 피드백에 대응하는 것이 중요합니다.

대구의 한 한의원은 "표준 답변 템플릿은 있지만, 각 환자의 상황에 맞게 수정해서 사용한다."라고 말합니다. 예를 들어 '허리 통증이 좋아졌다.'라는 리뷰에는 '허리 통증이 개선되어 다행입니다. 앞으로도 유지를 위한 자세 관리가 중요할 텐데요….'와 같이 구체적인 내용을 담습니다.

3. 부정적 피드백을 건설적으로 활용하기

부정적인 리뷰나 댓글도 소중한 피드백으로 받아들이고, 건설적으로 대응해야 합니다. 방어적인 태도보다는 개선 의지를 보여주는 것이 중요합니다.

4. 채널별 특성에 맞는 소통 전략 수립하기

각 채널의 특성과 주 이용자층을 고려한 맞춤형 소통 전략이 필요합니다. 인스타그램은 시각적 콘텐츠 중심, 카카오톡은 즉각적인 소통, 블로그는 상세한 정보 제공에 적합합니다.

5. 담당자 교육 및 역량 강화

채널 관리 담당자들에게 적절한 교육과 권한을 제공하는 것도 중요합니다. 의료 지식, 커뮤니케이션 스킬, 위기관리 능력 등을 갖출 수 있도록 지원해야 합니다.

의사의 퍼스널 브랜딩에서 온라인 채널은 단순한 홍보 도구가 아니라 환자와의 관계를 구축하는 중요한 공간입니다. 많은 채널을 보유하는 것보다, 몇 개의 채널이라도 진정성 있게 소통하는 것이 더 중요합니다. 오늘부터 바로 시작할 수 있는 채널 정리 작업은 퍼스널 브랜딩의 새로운 출발점이 될 수 있습니다. 모든 채널의 현황을 파악하고, 체계적인 관리 시스템을 구축하며, 진정성 있는 소통을 실천한다면, 온라인에서의 의사 이미지는 크게 달라질 것입니다.

결국, 환자들이 기억하는 것은 화려한 채널의 숫자가 아니라, 그 채널을 통해 느낀 의사의 진정성과 전문성입니다. 오늘부터 채널 정리와 체계적 관리를 시작함으로써, 더 효과적이고 진정성 있는 퍼스널 브랜딩의 토대를 마련해 보세요.

네이버 플레이스: 댓글로 소통하기

디지털 시대에 환자들이 병원을 선택하는 여정은 대부분 온라인에서 시작됩니다. 그 중심에는 단연 네이버 플레이스가 있습니다. 한국 의료 소비자의 80% 이상이 병원 방문 전 네이버 검색을 통해 정보를 수집하며, 이 과정에서 네이버 플레이스는 결정적인 영향력을 행사합니다. 플레이스는 단순한 위치 정보 제공을 넘어 병원의 첫인상을 결정하고, 환자들의 경험을 공유하며, 의사와 환자 간 소통이 이루어지는 핵심 플랫폼으로 자리 잡았습니다.

호랑이 담배 피우던 시절에 '미니홈피'라는 것이 유행했었습니다. 싸이월드라는 사이트에서 개인별로 미니 홈페이지를 운영할 수가 있었고, 댓글, 사진첩 등을 직접 관리하고 다른 미니홈피의 주인들과 소통을 하면서 조회 수를 늘려나가는 방식이었는데요. 이때 인기가 있는 미니홈피를 보면 지금의 인스타그램처럼 사진이 화려하고 보기가 좋은 것들이 많고, 꼼꼼하게 관리가 되고, 이웃들도 많은 것이 특징이었습니다.

네이버 플레이스도 마찬가지입니다. 처음에는 지도 내 검색되는 정보 정도로 인식되다가 지금은 플레이스 하나만 들어가도 그 병원에 대해 모든 것을 알 수 있게 되었습니다. 위치, 진료 시간, 클리닉, 휴진 여부 등 기본정보부터 별점 리뷰, 블로그 리뷰까지 사람들의 평가도 금방 캐치가 가능합니다. 리뷰에 달린 댓글을 읽어보면 원장님의 스타일, 병원의 분위기 등도 짐작할 수 있습니다.

네이버 플레이스 기본적 세팅은 '네이버 스마트 플레이스'에서 가능합니다(https://new.smartplace.naver.com/). 네이버 아이디, 패스워드를 이용해 네이버 스마트 플레이스에 접속해 업체 신규 등록을 누르고, 사업자 등록증에 있는 기본정보 입력 후 병원 이미지, 병원 기본정보 등을 넣어서 세팅할 수 있습니다. 이후 수정도 가능합니다.

기본정보를 넘어 플레이스 관리에서 가장 중요한 2가지는 '섬네일(**첫 이미지**)'과 '리뷰 관리'입니다.

네이버에 병원을 검색해 보면 쭉 검색 결과가 나열됩니다. 처음부터 특정 병원을 선택하는 상황이 아니라면, 가장 먼저 눈에 띄는 것은 섬네일입니다. 섬네일을 전혀 신경 쓰지 않는 곳을 제외하고 가장 많이 보이는 것은 원내 사진, 로고, 의료진 사진입니다. 이 3가지도 나쁘지 않지만, 최근에는 이 작은 공간에서도 눈길을 끄는 장치를 심어 환자들의 선택을 받을 가능성을 높이는 전략이 필요합니다.

텍스트를 이용하여 병원의 특장점을 광고하면 모바일과 PC에서 의외로 잘 보입니다. 텍스트만 넣는 것이 아쉬울 경우 사진에 텍스트를 넣어 사용하는 방법도 있습니다. 단, 텍스트가 너무 작으면 잘 보이지 않는다는 점을 고려해야 합니다.

| 효과적인 섬네일 전략의 예

- 병원의 핵심 가치나 차별점을 간결하게 표현 (예. "10년 연속 환자 만족도 1위")
- 타깃 환자층을 명확히 하는 문구 (예. "여성 전문 의료진이 진료합니다.")
- 시각적으로 주목도가 높은 색상 조합 사용
- 계절이나 시기에 맞는 섬네일로 정기적 업데이트
- 의사의 얼굴이 잘 보이는 친근한 이미지 (특히 퍼스널 브랜딩에 중요)

최근에는 리뷰를 관리하지 않는 병원은 거의 없습니다. 환자들이 리뷰를 꼼꼼히 읽고 실제 불만 역시 리뷰란을 통해서 하는 경우가 많기 때문입니다. 그래서 원내에서도 리뷰 독려를 위한 이벤트를 실시하기도 합니다. 하지만 무작정 많은 리뷰가 올라온다고 해서 리뷰 관리가 잘 되고 있다고 볼 수는 없습니다. 리뷰 또한 소통이기 때문에 소통의 느낌을 주는 것이 중요합니다.

병원 리뷰의 답글 다는 유형은 크게 세 종류로 나눌 수 있습니다. 이미 앞 챕터에서 언급했지만, 플레이스 댓글의 유형으로 다시 한번 정리해 보겠습니다.

1. 형식적 소통: 앵무새형 답변의 함정

"이렇게 좋은 병원이 있는 줄 몰랐어요. 자주자주 와서 치료받고 싶어요."라고 단 긍정의 리뷰나 "화장실이 좀 깨끗했으면 좋겠어요."라고 단 부정의 리뷰나 리뷰 댓글에 큰 차이를 두지 않고 앵무새처럼 다는 유형입니다. 이른바 '답정너'입니다.

"안녕하세요, ○○○ 병원입니다. 앞으로도 열심히 진료하겠습니다. 감사합니다." "안녕하세요, ○○○ 병원입니다. 앞으로 개선하도록 하겠습니다. 감사합니다."

이 두 종류 정도가 돌아가면서 달립니다. 규모가 있는 병원에서 누가 남겼는지도 알 수 없으니 아쉽게도 이렇게 처리하는 경우가 많습니다. 쓴 사람도 허무하고, 보는 사람도 허무하니 별로 신뢰가 가지 않습니다.

● **나쁜 댓글 예시**

환자: "원장님이 친절하게 설명해 주셔서 좋았어요. 치료 후 많이 좋아졌습니다."

병원: "안녕하세요, ○○○ 병원입니다. 소중한 리뷰 감사합니

다. 앞으로도 더 나은 서비스로 보답하겠습니다."

이런 형식적인 답변은 어떤 리뷰에도 거의 동일하게 사용되어 진정성이 느껴지지 않습니다.

2. 센스 있는 소통: 개인화된 응대의 힘

칭찬의 댓글에 감사한다고 하고, 부정의 댓글에 개선하겠다고 하는 것도 소통이기는 하지만 무언가 아쉽습니다. 사람은 자기를 알아봐 주는 사람에게 호감이 생기고, 매력을 느낄 수밖에 없습니다.

한 원장님은 리뷰가 달렸을 때, 어떤 환자인지 알 수 있다면 반드시 대화체를 구사하여 댓글을 답니다. 환자가 "원장님, 오늘은 어깨가 좀 덜 아픈 것 같아요. 침을 맞을 때는 아팠지만, 집에 오니 어깨가 한결 가볍네요."라고 댓글을 달면 주거니 받거니 받아치는 것입니다.

"지난번 오셨을 때보다는 어깨가 많이 좋아지셨더라고요. 이번에 맞은 약침은 염증 해소 효과가 있어서 통증이 줄어드는 데 도움이 되실 거예요. 다음 주에 오시면 더 치료를 잘해드리겠습니다."

이렇게 댓글을 달면 환자의 익명성은 보장이 되고, 원장님과 환자는 소통한 셈이 됩니다.

● **좋은 댓글 예시**

환자: "비염 때문에 고생하다가 방문했는데, 약침 치료 후 코가 훨씬 뚫린 느낌이에요. 아침에 일어났을 때 가래가 너무 많이 나와서 힘들었는데 그것도 좀 나아진 것 같아요."

병원: "앗 늘 이렇게 세심한 리뷰 남겨주셔서 감사합니다. ㅎㅎ 이번에 비염, 부비동염, 축농증 관련해서 약침 치료 진행하시게 되었는데요. 비염이라고 하는 게 참, 사람을 많이 괴롭히는 증상, 질환 중의 하나입니다. 그때 진료 시에 말씀드렸듯이 코점막은 늘 촉촉이 젖어 있으면서 외부에서 들어오는 미세먼지들을 붙잡아 두는 역할을 하게 되는데 만성적으로 비염이나 축농증, 부비동염이 있으신 분들은 과다하게 코점막이 부으면서 콧물을 많이 만들어 내는 경우가 많습니다. 그게 수면 시에도 지속되면서 과다하게 생성된 콧물이 목구멍으로 넘어가게 되어 쌓여 있다가 아침에 가래가 많이 나오게 되는 거죠. 물론 그렇게 만성화되기까지의 시간이 오래 걸리는 편이라 치료도 지속해서 관리, 완화 위주로 가는 게 맞습니다. ^^ 등뼈 부근에서 출발하여 우리 몸의 과도한 긴장 상태를 일으키는 교감신경계를 풀어주면서 약침 치료 받으시면 됩니다. ^^"

이 답변은 환자의 상태를 정확히 인지하고, 치료 과정과 원리를 상세히 설명하며, 앞으로의 치료 방향까지 제시하고 있습니다. 이런 답변은 해당 환자뿐만 아니라 비슷한 증상으로 고민하는 잠재 환자들에게도 전문성과 신뢰감을 줍니다.

3. 무반응: 침묵의 위험성

의외로 큰 병원급에 속하는데 플레이스 관리를 안 하는 곳들이 있습니다. 어차피 많은 사람이 다녀가고, 굳이 리뷰에 응대하지 않아도 잘되니까 관리가 뒷전에 있는 것입니다. 이런 곳의 경우 환자가 선택하려다가도 평판을 알아볼 수 없으니 추가로 '내돈내산' 등을 뒤져가면서 선택을 보류하게 됩니다.

지방에서 꽤 큰 규모의 병원을 운영하는 원장님의 허를 찌르는 무반응도 있었습니다. 환자에게 불친절한 의미로 관리를 안 하는 것이 아니라 댓글을 달게 되면 휴대전화에서 리뷰가 보이는 숫자가 적게 보이기 때문에 칭찬받는 것에는 자신이 있다 보니 더 많은 리뷰 글이 보이게 하도록 댓글을 달지 않는다는 것입니다. 원장님의 깊은 뜻을 그 누가 아는지 모르겠으나 그 또한 자신감입니다.

하지만 이런 전략은 위험합니다. 경기도의 한 피부과 원장님은 "리뷰에 응답하지 않다가 부정적인 리뷰가 올라왔을 때 큰 위기를 맞았다."라고 말합니다. "평소에 소통하지 않던 병원이 갑자기 부정적 리뷰에만 반응하니 오히려 신뢰도가 더 하락했습니다."

네이버 플레이스 댓글 소통으로 퍼스널 마케팅을 강화하는 전략은 아래와 같습니다.

1. 개인화된 응대로 신뢰 구축하기

리뷰 답변은 단순한 감사 인사를 넘어, 환자의 경험을 인정하고 공감하는 내용을 담아야 합니다. 특히 환자가 언급한 구체적인 증상이나 치료에 대해 전문적인 설명을 덧붙이면 더욱 효과적입니다.

만약 환자가 "허리 디스크 치료 후 통증이 줄었다."고 리뷰를 남기면, 단순히 감사하다는 말 대신 '지난번 방문 시 허리 통증이 심하셨는데, 약침 치료 후 호전되어 다행입니다. 허리 디스크는 일상 자세 관리도 중요한데, 앉을 때 허리를 곧게 펴고….'와 같이 구체적인 조언을 덧붙이는 방식입니다.

좋은 리뷰 답변의 구성 요소
- 환자를 기억하고 있다는 인상 주기
- 받은 치료에 대한 추가 설명 제공
- 앞으로의 관리 방법 안내
- 정서적 지지와 격려 포함
- 필요하면 추가 질문이나 상담 권유

2. 부정적 리뷰에 대한 전략적 대응

부정적 리뷰는 위기이자 기회입니다. 적절히 대응하면 오히려 병원의 신뢰도를 높일 수 있습니다. 만약 대기 시간의 문제로 댓글이 달렸다고 하면 죄송하다는 천편일률적인 대답보다는 병원에서 이를 인지하고 있으며, 어떤 식으로 노력하거나 개선을 하겠다는 댓글을 달아주는 것이 적극적인 소통의 자세입니다.

다른 환자들이 볼까 봐 섣부른 밀어내기식으로 다른 리뷰를 기다리거나 이 환자분을 찾아내서 삭제 요청을 하는 일 등은 역효과가 날 수밖에 없습니다.

> **부정적 리뷰 대응 전략**
> - 즉각적으로 응답하기(24시간 이내)
> - 문제를 인정하고 진심으로 사과하기
> - 구체적인 개선 계획 제시하기
> - 필요하면 오프라인에서의 추가 논의 제안하기
> - 감정적 대응 피하기

3. 리뷰를 통한 의사의 전문성 보여주기

리뷰 답변은 단순한 고객 서비스를 넘어, 의사의 전문성을 보여줄 기회입니다. 의학적 지식과 정보를 적절히 포함해 교육적 가치를 더할 수 있습니다.

만약 소아청소년과에 아이가 열이 나서 내원했던 어머니가 "아이의 열이 내리고 기침이 좋아졌어요."라는 리뷰를 작성했다고 하면 다음과 같은 답변이 이상적인 답변이 이루어질 수 있습니다. "지난주에 방문하셨을 때 아이의 상태가 많이 걱정되셨을 텐데, 좋아졌다니 정말 다행입니다. 말씀드린 것처럼 이 시기 바이러스성 감염은 5~7일 정도 지속하는 경우가 많은데, 열이 내렸다고 해서 무리하게 활동하면 재발할 수 있으니 며칠간 더 충분한 휴식과 수분 섭취를 유지해 주세요. 특히 취침 전 가습기 사용이 도움이 될 겁니다."

이러한 답변은 단순한 감사 인사를 넘어, 의학적 정보와 전문가로서의 조언을 제공함으로써 의사의 전문성을 자연스럽게 드러냅니다.

네이버 플레이스 관리는 단순한 온라인 평판 관리를 넘어, 의사 개인의 브랜드를 구축하는 핵심 요소입니다. 시각적으로 매력적인 섬네일과 진정성 있는 리뷰 관리를 통해 의사는 자신의 전문성과 인간미를 효과적으로 전달할 수 있습니다.

디지털 시대에 의사의 퍼스널 브랜딩은 진료실 안에서만 이루어지지 않습니다. 네이버 플레이스와 같은 온라인 플랫폼에서의 소통과 이미지 관리는 이제 의사에게 필수적인 역량이 되었습니다. 오늘부터라도 플레이스 관리에 조금 더 신경 쓴다면, 환자들은 병원 이름이 아닌 '당신이라는 의사'를 기억하게 될 것입니다.

인스타그램, 스레드: DM으로 소통하기

디지털 시대에 의사의 퍼스널 브랜딩은 온라인 플랫폼을 통해 더욱 확장되고 있는데요. 인스타그램과 최근 등장한 스레드는 시각적 콘텐츠와 짧은 텍스트를 통해 의사의 전문성과 인간미를 효과적으로 보여줄 수 있는 강력한 도구입니다. 그러나 많은 의사가 포스팅에만 집중한 나머지, 실제 소통의 핵심인 DM(Direct Message)을 소홀히 하는 경우가 많습니다.

최근 10~20대 젊은 세대 사이에서는 DM이 카카오톡을 대체하는 주요 소통 채널로 급부상하고 있습니다. 이들에게 DM은 단순한 메시지 교환을 넘어 일상적인 소통, 정보 공유, 관계 형성의 핵심 공간으로 자리 잡았습니다.

서울 강남의 한 피부과 원장님은 "과거에는 카카오톡 채널을 통해 문의가 많았지만, 최근에는 인스타그램과 스레드 DM으로 문의하는 환자들이 훨씬 많아졌다."라고 말합니다. "특히 10대 환자들은 카카오톡보다 인스타그램 DM을 더 편하게 생각하는 것 같아요. DM은 좀 더 사적인 공간이라고 느끼는 것 같습니다."

> **| DM의 장점**
>
> - 개인적인 소통: 1:1 대화를 통해 환자와 더욱 친밀한 관계 형성 가능
> - 즉각적인 응대: 실시간 소통으로 환자의 궁금증 해소 및 신뢰 구축
> - 맞춤형 정보 제공: 환자의 개별적인 상황에 맞는 정보 제공 가능
> - 편리한 예약 및 상담: DM을 통해 간편하게 예약 및 상담 진행 가능
> - 젊은 세대와의 소통: 10~20대에게 익숙한 소통 방식으로 친근하게 접근 가능

퍼스널 마케팅을 강화하기 위한 DM은 좀 더 체계적인 소통으로 접근해야 하는데요. DM을 통해 맞춤형 정보를 제공하고 공감해주고, 전문성 있게 의학 지식을 전달하고, 환자의 개별적인 상황에 관한 관심을 나타내주는 것이 비결입니다.

1. 맞춤형 정보 제공과 공감

환자: "원장님, 인스타그램에 올라온 여드름 관리법 보고 DM 드려요. 제가 20대 후반인데 아직도 여드름이 너무 심해서 고민이에요. ㅠㅠ"

의사: "안녕하세요, ○○○ 님. 20대 후반에도 여드름 때문에 고

민이 많으시군요. 저도 학창 시절에 여드름 때문에 스트레스를 많이 받았던 기억이 있어서 공감이 많이 됩니다. ○○○ 님 피부 상태를 직접 봐야 정확한 진단이 가능하겠지만, 혹시 평소 생활 습관 중에 여드름을 악화시키는 요인이 있을 수도 있어요. 식습관이나 스트레스 상황은 어떠신가요? 혹시 시간 괜찮으시면 병원에 방문하셔서 상담 받아보시는 건 어떠세요? DM으로 예약해 주시면 특별히 더 신경 써서 봐드릴게요."

> **이 응대의 포인트**
> - 환자의 고민에 공감하며 친근하게 접근
> - 의사 자신의 경험을 공유하여 인간미 표현
> - 환자의 상황에 맞는 맞춤형 정보 제공
> - 병원 방문을 자연스럽게 유도하며 예약 편의 제공
> - 이모티콘을 활용하여 친근한 분위기 조성

2. 질문에 대한 전문적이고 친절한 답변

환자: "원장님, 글 잘 봤습니다. 저도 시험 때마다 심장이 두근거리고 숨이 막히는 느낌이 들어요. 이게 불안장애인가요?"

의사: "메시지 주셔서 감사합니다. 시험 상황에서 그런 증상을 경험하시면 정말 힘드실 것 같아요. 말씀하신 증상은 시험 불안의 일반적인 신체 반응일 수도 있고, 불안장애의 일부 증상일 수도 있습니다.

정확한 진단은 직접 상담을 통해 가능하지만, 일상생활에서 도움이 될만한 간단한 호흡법을 알려드릴게요. 4초간 숨을 들이마시고, 7초간 숨을 참은 후, 8초간 천천히 내쉬는 방법인데요. 이를 5회 정도 반복하면 교감신경계 활성화를 줄이는 데 도움이 됩니다.

혹시 증상이 일상생활에 지속해서 영향을 준다면, 전문적인 상담을 받아보시는 것도 좋을 것 같습니다. 궁금한 점이 있으시면 언제든 물어봐 주세요."

이 응대의 포인트

- 환자의 고민에 진심 어린 공감 표현
- 전문적 지식을 바탕으로 한 설명
- 즉시 활용 가능한 실용적 조언 제공
- 필요할 때 전문적 상담 권유
- 의료법 범위 내에서의 적절한 정보 제공
- 지속적 소통 가능성 열어두기

3. 이벤트 참여자에 대한 특별한 관심

의사: "안녕하세요, OOO님! 저희 여드름 관리 이벤트에 참여해 주셔서 감사합니다. 공유해 주신 여드름 고민 사연을 잘 읽었습니다. 학업 스트레스와 함께 악화하는 턱 여드름은 정말 고민이 많으실 것 같아요.

이벤트 당첨자는 내일 발표 예정이지만, 당첨 여부와 관계없이

OOO님을 위한 간단한 홈케어 팁을 알려드리고 싶었습니다. 턱 여드름은 호르몬 변화와 관련이 깊은데, 베개 커버를 자주 교체하고, 핸드폰이 턱에 닿지 않도록 주의하는 것만으로도 개선 효과가 있을 수 있어요.

궁금한 점이 있으시면 언제든 물어봐 주세요. OOO님의 피부 고민이 빨리 해결되길 바랍니다."

> **이 응대의 포인트**
> - 이름을 언급하며 개인화된 메시지 전달
> - 환자의 구체적 고민을 기억하고 언급
> - 이벤트와 관계없이 가치 있는 정보 제공
> - 진정성 있는 관심 표현
> - 지속적인 소통 창구 유지

반면 피해야 할 DM 소통 사례도 있습니다. 형식적이고 무성의한 응대, 지나치게 늦은 응답, 과도한 광고 및 홍보의 경우 오히려 역효과가 날 수 있으므로 아래의 사례를 참고하셔서 주의하시는 것이 좋겠습니다.

1. 형식적이고 무성의한 응대
환자: "안녕하세요, 눈매교정 수술에 관심이 있는데요. 비용과 회복 기간이 궁금합니다."

의사: "안녕하세요. 자세한 상담은 병원에 방문하셔서 받으시기 바랍니다. (예약전화: 02-000-0000)

> **이 응대의 문제점**
> - 환자의 기본적인 질문에 답변하지 않음
> - 오프라인 방문만 강조하여 불편함 초래
> - 환자의 관심에 대한 감사 표현 부재
> - 추가 정보나 가치 제공 없음
> - 기계적이고 사무적인 톤

2. 지나치게 늦은 응답

환자: [월요일 오전] "안녕하세요, 임플란트 비용 문의드립니다."

의사: [금요일 저녁] "안녕하세요, 임플란트는 케이스마다 다릅니다. 상담 예약 도와드릴까요?"

환자: "이미 다른 병원에서 상담받고 치료 시작했습니다."

> **이 응대의 문제점**
> - 4일이나 지연된 응답
> - 늦은 응답에 대한 사과 없음
> - 환자가 이미 다른 병원을 선택한 후 응답
> - 질문에 대한 구체적 정보 제공 부재

3. 과도한 광고 및 홍보

환자: "피부 트러블 때문에 고민인데 어떤 시술이 좋을까요?"

의사: "우리 병원에서 [최신 시술]을 받으시면 즉각적인 효과를 보실 수 있습니다! 지금 바로 예약하세요! → [예약 링크]

> **이 응대의 문제점**
> - 환자의 고민에 대한 공감 없이 시술 광고에만 집중
> - 과장된 표현과 즉각적인 예약 유도로 거부감 유발
> - 환자와의 신뢰 관계 형성에 실패
> - 의료법 위반 소지가 있는 마케팅 문구

인스타그램, 스레드를 운영하지만 DM 때문에 피곤하다고 하는 의사들도 많습니다. 그 이유는 병원이나 의사 개인의 퍼스널 마케팅에 도움이 되는 DM만 있는 것이 아니라 소통하기 곤란한 까다로운 DM도 있기 때문이죠. 까다로운 DM의 대표적인 사례는 과도한 의학 상담 요청, 부적절한 접근이나 개인적인 요구, 경쟁 병원이나 타 병원 비교 요청 등이 있습니다.

까다로운 DM, 현명하게 대처하는 방법

1. 과도한 의학 상담 요청

환자: "원장님, 제 MRI 결과 사진 보내드릴게요. 이거 보시고 수술이 필요한지 알려주세요."

좋은 응대 예시: "메시지 주셔서 감사합니다. 환자분의 건강에 관심을 가져주셔서 기쁩니다. 다만, 정확한 진단과 치료 방향은 직접 진료를 통해서만 가능합니다. MRI 결과는 여러 임상 소견과 함께 종합적으로 판단해야 하기 때문입니다.

일반적으로 허리 디스크의 경우, 통증 정도, 신경 압박 여부, 일상생활 제한 정도 등을 종합적으로 고려하여 치료 방향을 결정합니다. 정확한 진단을 위해 직접 내원하시어 상담받으시길 권해드립니다. 예약이 필요하시면 도움 드리겠습니다."

2. 부적절한 접근이나 개인적 요구

환자: "원장님 너무 잘생기셨어요. 개인 연락처 좀 알 수 있을까요? 식사라도 같이해요."

좋은 응대 예시: "관심 가져주셔서 감사합니다. 저는 이 계정을 통해 의학 정보 공유와 환자분들의 의학적 질문에 답변드리는 용도로만 사용하고 있습니다. 의학적 문의 사항이 있으시면 언제든지 도와드리겠습니다. 감사합니다."

3. 경쟁 의사나 병원의 비교 요청

환자: "원장님 병원과 OOO 병원 중 어디가 더 잘하나요? OOO 원장님보다 기술이 좋으신가요?"

좋은 응대 예시: "문의 주셔서 감사합니다. 각 병원과 의사마다

전문 분야와 접근 방식이 다를 수 있어 단순 비교는 어렵습니다. OOO 병원도 훌륭한 의료진을 갖추고 있다고 알고 있습니다.

우리 병원은 [특화된 치료 접근법/환자 맞춤형 치료 계획/최신 장비] 등에 중점을 두고 있으며, 환자분의 상태와 필요에 가장 적합한 치료를 제공하기 위해 노력하고 있습니다.

정확한 판단을 위해서는 여러 병원의 상담을 받아보시고, 의사와의 소통이 잘 되고 신뢰가 가는 곳을 선택하시는 것이 좋을 것 같습니다."

효과적인 DM 관리 전략에 대해서도 제안해 드릴게요. 우선 DM의 핵심은 응답 시간입니다.

환자들은 빠른 응답을 기대하며, 이는 의사의 관심과 신뢰도에 직접적인 영향을 미칩니다. 응답 시간을 잘 관리하려면 하루 중 정해진 시간에(예: 아침 9시, 점심 1시, 저녁 7시) DM을 확인하고, 자동 응답 메시지 활용(예: "메시지 감사합니다. 진료 중이라 답변이 늦어질 수 있습니다. 최대한 빨리 답변드리겠습니다.")하는 방법이 있습니다. 또한, 주말이나 휴가 기간에는 인스타그램 프로필에 부재중 메시지를 설정하는 것도 좋은 방법입니다.

또한, 효율적인 DM 관리를 위해서는 자주 묻는 질문에 대한 템플릿을 미리 준비해 두는 것이 좋습니다. 카테고리별 템플릿을(비용 문의, 시술 과정, 부작용, 회복 기간 등) 준비하고, 템플릿은 정기적으로 업데이트합니다. 의료법 준수 여부에 대해서는 민감하게 확인합니다. 법률적인 조언을 받아 DM 응대 가이드라인을 만드는 것도 좋은 방법입니다. 할인, 비방, 효과 보장 등 조심해야 할 표현은 항상 주의하는 것이 필요합니다.

DM을 통해 단순히 의학 지식이나 친근감만 전달하는 것을 뛰어넘어 예약 시스템과의 연동도 매우 중요합니다. 전화번호, 온라인 예약 링크 등 예약 방법을 상세히 안내하고, 병원 위치, 주차 등에 대해서도 안내하여 내원 시 도움이 되도록 정보를 전달합니다. DM에서 문의했던 내용을 메모해 두어 진료에 활용하는 것도 센스 있는 방법입니다.

인스타그램과 스레드의 DM은 이제 단순한 메시지 교환 도구를 넘어, 의사-환자 관계를 형성하는 중요한 소통 창구가 되었습니다. 특히 디지털 네이티브 세대인 10~20대 환자들에게 DM은 의사와의 첫 접점이자, 병원 선택의 중요한 기준이 된다는 점을 꼭 기억해야겠습니다.

유튜브:
영상과 라이브 방송으로 소통하기

의사의 퍼스널 브랜딩에서 유튜브는 단연 가장 강력한 도구로 자리 잡았습니다. 대한의료커뮤니케이션학회의 최근 조사에 따르면, 개원의의 37%가 유튜브 채널을 운영 중이며, 그 비율은 매년 증가하고 있습니다. 특히 젊은 세대의 의사들은 유튜브를 통한 브랜딩에 더욱 적극적입니다. 텍스트와 이미지만으로는 전달하기 어려운 의사의 전문성, 인간미, 진료 철학을 생생한 영상으로 보여줄 수 있기 때문입니다.

그러나 많은 의사가 간과하는 점이 있습니다. 유튜브는 단순한 일방적 정보 전달 채널이 아니라, 쌍방향 소통을 통해 환자와의 신뢰를 구축하는 플랫폼이라는 것입니다. 이러한 쌍방향 소통의 핵심에는 댓글 관리와 라이브 방송이 있습니다.

유튜브에서 의사와 시청자 간 소통의 첫 단계는 댓글입니다. 블로그, 인스타그램, 스레드 등 소통 방법에서 댓글에 대해 강조했지만, 유튜브 역시 마찬가지입니다. 많은 의사가 영상 제작에만 집중하고 댓글 관리를 소홀히 하는 경우가 많지만, 댓글은 의사의 전문성과 인간미를 동시에 보여줄 수 있는 중요한 소통 창구입니다.

특히, 의사가 직접 댓글에 답변하는 것과 그렇지 않은 것의 차이는 매우 큽니다. 한 정형외과의 유튜브 사례는 댓글의 중요성에 대해 다시 한번 일깨워 주는데요. "허리 디스크에 관한 영상에 한 시청자가 '저는 MRI에서 L4-5 디스크 탈출이 있다고 하는데, 수술이 필요할까요?'라는 질문을 남겼습니다. 이런 질문에 '개인적인 의학 상담은 어렵습니다.'라고만 답하는 대신, 저는 '디스크 탈출이 있더라도 신경 압박의 정도, 증상의 심각성, 보존적 치료에 대한 반응 등에 따라 수술 여부가 결정됩니다. 일반적으로 다리 저림이나 근력 약화가 심하거나, 6주 이상의 보존적 치료에도 호전이 없는 경우 수술을 고려하게 됩니다. 정확한 판단을 위해서는 직접 진료를 받아보시는 것이 좋겠습니다.'라고 답변했습니다.

이렇게 구체적이고 전문적인 답변을 달았더니, 해당 시청자가 실제로 진료를 받으러 왔고, 다른 시청자들도 '원장님이 직접 답변해 주시니 신뢰가 간다.'라는 반응을 보였습니다."

댓글보다 좀 더 공격적이고, 적극적인 소통 방법은 라이브 방송, 일명 라방입니다. 유튜브 라이브 방송은 의사-환자 간 실시간 소통을 가능하게 하는 강력한 도구입니다. 미리 녹화된 영상과 달리, 라이브 방송은 즉각적인 질의응답과 자연스러운 대화를 통해 더욱 친밀한 관계를 형성할 수 있습니다.

서울의 한 피부과 의사는 "라이브 방송을 시작한 후 채널 성장이 가속화되었다."라고 말합니다. "편집된 영상에서는 보여줄 수 없는 즉흥적인 반응과 솔직한 모습이 시청자들에게 더 큰 신뢰를 줍니다. 또한, 실시간으로 질문에 답하면서 시청자들이 정말 궁금해하는 것이 무엇인지 직접 파악할 수 있어 콘텐츠 기획에도 도움이 됩니다."

라이브 방송의 주요 장점
- 실시간 질의응답을 통한 즉각적인 소통 - 편집되지 않은 자연스러운 모습으로 친근감 형성 - 시청자들이 실제로 궁금해하는 내용에 집중할 수 있음 - 정기적인 라이브 방송을 통한 충성 시청자층 형성 - 녹화 영상보다 상대적으로 제작 부담이 적음

의사들의 유튜브 라이브 방송은 크게 3가지 유형으로 구분할 수 있습니다.

1. 즉문즉답 형식

가장 일반적인 라이브 방송 형태로, 시청자들의 질문에 실시간으로 답변하는 방식입니다. 사전에 주제를 정해놓고 그에 관련된 질문을 받거나, 완전히 오픈된 Q&A 세션으로 진행할 수 있습니다.

예를 들어, 의학 채널 '비 온 뒤'의 한 라이브 방송에서는 "암 예방과 관리"라는 주제로 실시간 질의응답 세션이 진행되었는데요. 의사 패널들은 암의 초기 증상, 예방 방법, 최신 치료 기술 등에 관해 설명했습니다. 시청자들은 채팅창을 통해 "암 검진은 언제부터 받아야 하나요?", "가족력이 있으면 어떤 점에 주의해야 하나요?" 등 다양한 질문을 던졌고, 의사들은 실시간으로 답변하며 시청자들의 궁금증을 해소했습니다. 이러한 방송은 단순한 정보 전달을 넘어, 실시간 소통을 통해 시청자들이 건강에 대해 더 깊이 이해하고 적극적으로 관리할 수 있도록 돕는 데 이바지했습니다. 라이브 방송의 이러한 쌍방향 소통은 시청자들에게 큰 신뢰감을 주고, 의학적 권위와 친근함을 동시에 제공하는 좋은 사례로 손꼽힙니다.

▍즉문즉답 라이브 방송의 효과적인 진행 팁

- 사전에 주요 질문을 받아 준비하기
- 답변하기 어려운 질문에 대한 대응 방식 미리 준비
- 질문자의 이름을 언급하며 친근감 형성
- 개인 진단보다는 일반적인 의학 정보 제공에 초점
- 짧고 명확한 답변으로 다양한 질문 다루기

2. 정보 제공 형식

특정 의학 주제에 대한 심층 정보를 제공하는 라이브 방송입니다.

미리 준비된 자료나 프레젠테이션을 활용하여 체계적으로 정보를 전달하고, 중간중간 시청자 질문을 받는 방식으로 진행됩니다.

서울아산병원은 매년 개최하는 건강강좌를 유튜브 라이브 방송으로 전환하여 더 많은 대중과 소통하고 있습니다. 이는 단순한 정보 전달을 넘어 병원의 전문성을 알리고 환자와의 신뢰를 구축하는 효과적인 전략으로 평가받고 있습니다.

2021년 서울아산병원은 〈췌장암 환자를 위한 건강강좌〉를 유튜브 라이브로 진행했습니다. 각 강좌는 췌장암에 대한 최신 정보와 치료법을 다루었으며, 해당 분야의 전문의들이 강사로 참여했는데요.

1부에서는 ▲췌장암 진단과 전암병변(서울아산병원 소화기내과 오동욱 교수), ▲췌장암 수술과 수술 후 합병증(서울아산병원 간담도췌외과 송기병 교수), ▲췌장암 항암치료 및 임상 연구(서울아산병원 종양내과 유창훈 교수), ▲췌장암 환자의 당뇨 관리(서울아산병원 내분비내과 정창희 교수), ▲췌장암 환자의 운동(서울아산병원 재활의학과 고은재 교수), ▲췌장암 환자의 정신건강(서울아산병원 정신건강의학과 정석훈 교수), ▲췌장암 환자의 영양관리(서울아산병원 영양팀 이연미 영양사) 등 수술 및 항암제 치료 등의 내용뿐만 아니라 실생활에서 많이 궁금할 수 있는 당뇨 관리, 운동법, 스트레스 관리법, 건강한 식생활 등에 대한 내용이 포괄적으로 다뤄졌습니다.

2부에는 실시간 질의응답 시간이 마련되었습니다. 이러한 라이브 강좌의 가장 큰 장점은 시청자들이 시간과 장소에 구애받지 않고 전문적인 의학 정보를 얻을 수 있다는 점입니다. 또한, 실시간 질의응답을 통해 궁금증을 즉시 해소하고, 의사와의 직접적인 소통을 통해 신뢰감을 형성할 수 있습니다.

| 정보 제공 라이브 방송의 효과적인 진행 팁

- 시각 자료(슬라이드, 차트, 이미지)를 활용한 명확한 설명
- 복잡한 의학 정보를 쉬운 비유와 예시로 풀어내기
- 정보 전달과 질의응답 시간 균형 맞추기
- 시청자의 이해도를 확인하며 진행하기
- 후속 콘텐츠나 시리즈로 연결 계획하기)

3. 일상 공유 형식

의사의 개인적인 일상이나 사생활을 공유하는 라이브 방송입니다. 편안한 분위기에서 의사의 인간적인 면모를 보여주고, 의학 외적인 주제로도 시청자와 소통하는 방식입니다.

의사의 유튜브 라이브 방송 중 '개인 생활 노출 형식'은 의사의 인간적인 면모를 보여주고 환자와의 심리적 거리를 좁히는 효과적인 방법입니다. 이러한 방식의 대표적인 사례로 가정의학과 전문의 여에스더 박사가 '에스더TV'에서 진행되는 〈여에스더와 이브닝

티타임〉 라이브 방송을 들 수 있습니다.

〈여에스더와 이브닝 티타임〉은 비정기적으로 진행되는 라이브 방송으로, 여에스더 박사가 자택 거실 등에서 차를 마시며 시청자들과 편안하게 대화하는 콘셉트입니다. 의학 정보 전달에 집중하는 다른 라이브 방송과 달리, 이 프로그램은 여 원장의 일상, 취미, 라이프스타일을 중심으로 진행되며, 중간중간 시청자들의 건강 관련 질문에 답변하는 형식으로 구성됩니다.

이런 구성은 시청자들에게 "완벽한 의사"가 아닌 "나와 같은 일상을 사는 사람"이라는 인식을 심어줍니다. 그리고 친구와 대화하듯 편안하고 친근한 어조를 사용합니다. "안녕하세요, 오늘 날씨가 정말 좋네요.", "여러분 주말 어떻게 보내셨어요?", "오늘 제가 마시는 이 차의 향이 정말 좋은데, 여러분도 좋아하실 것 같아요." 등 일상적인 대화로 시작하여 시청자들과의 거리감을 줄입니다.

〈여에스더와 이브닝 티타임〉의 가장 큰 특징은 의학 정보와 일상 이야기의 자연스러운 균형입니다. 라이브 방송의 주요 내용은 일상과 취미에 관한 이야기지만, 시청자들의 건강 관련 질문이 들어오면 전문가로서의 지식을 바탕으로 명확한 답변을 제공합니다.

일상 공유 라이브 방송의 효과적인 진행 팁

- 너무 사적인 정보 공개는 피하되, 진정성 있는 일상 공유
- 의사로서의 전문성과 일반인으로서의 인간미 균형 맞추기
- 취미, 관심사를 통해 시청자와의 공통점 찾기
- 편안하고 자연스러운 분위기 조성하기
- 의학 정보와 일상 이야기 적절히 믹스하기

유튜브를 통한 소통은 강력한 퍼스널 브랜딩 효과가 있지만, 몇 가지 주의해야 할 점이 있습니다. 유튜브 활동 시 의료법 준수는 필수적입니다.

의료법 준수를 위한 가이드라인

- 개인적인 진단이나 처방은 피하기
- "일반적으로는 이렇습니다."와 같은 표현 사용하기
- 특정 약품이나 시술의 효과를 과장하지 않기
- 타 의료기관이나 의사를 비방하지 않기
- 필요하면 직접 진료의 중요성 강조하기
- 의학적 근거가 확실한 정보만 제공하기

유튜브 소통은 지속성이 중요합니다. 처음에는 열정적으로 댓글에 답하고 라이브 방송을 진행하다가, 시간이 지나면서 소홀해지는 경우가 많습니다. 의사 본인이 직접 채널 관리가 힘들다면 소통 담당 인력을 확보하는 것이 중요하고, 답변 시간, 라이브 일정 등 시청자들에게 명확히 공지하는 것도 중요합니다.

유튜브는 의사의 퍼스널 브랜딩에 있어 단순한 정보 전달 채널이 아닌, 환자와의 신뢰 관계를 구축하는 소통의 장입니다. 동영상과 라이브 방송을 통해 시청자들과 쌍방향 소통을 하면서, 의사의 전문성뿐만 아니라 인간적인 면모도 보여줄 수 있습니다. 이는 단순한 마케팅을 넘어, 환자와의 신뢰 관계를 형성하고 유지하는 데 중요한 역할을 합니다.

유튜브를 통해 쌓은 신뢰와 관계는 실제 진료로 이어지는 경우가 많으며, 이는 의사의 퍼스널 브랜딩을 더욱 단단하게 만들어 줍니다. 성공적인 유튜브 활동을 위해서는 철저한 준비와 적극적인 소통이 필요하며, 이를 통해 의사로서 영향력을 넓혀갈 수 있을 것입니다.

홈페이지: 상담 게시판으로 소통하기

의료 마케팅 환경이 급변하면서 병원 홈페이지의 위상이 새롭게 주목받고 있습니다. 최근 의료법 강화로 일 10만 이상 이용자가 사용하는 네이버 블로그, 인스타그램 등의 플랫폼에서는 직접적인 병원 홍보와 마케팅 활동에 상당한 제약이 생겼습니다. 규제의 그물망이 촘촘해진 외부 채널과 달리, 병원 자체 홈페이지는 상대적으로 자유로운 콘텐츠 운영이 가능한 공간으로 재조명되고 있습니다.

병원 홈페이지는 단순한 정보 제공을 넘어 의사의 온라인 얼굴이자 병원의 정체성을 담는 핵심 공간입니다. 특히 홈페이지에서는 로그인한 회원만 치료 결과 전후 사진, 완치 후기 등을 공개할 수 있어 외부 플랫폼에서 제한된 마케팅 활동을 보완할 수 있습니다.

홈페이지의 여러 기능 중에서도 상담 게시판은 의사의 퍼스널 브랜딩에 특별히 이바지합니다. 상담 게시판은 환자들이 직접 질문을 남기고 의사가 답변하는 쌍방향 소통 공간으로, 의사의 전문성과 인간미를 동시에 보여줄 귀중한 기회를 제공합니다.

상담 게시판 답변은 의사의 전문성, 커뮤니케이션 능력, 환자에 대한 태도를 모두 보여주는 중요한 창구입니다. 효과적인 답변은 다음과 같은 특징을 갖추고 있습니다.

좋은 답변의 형태

사례 1: 구체적이고 개인화된 답변

질문: 안녕하세요, 32세 여성입니다. 최근 무릎 통증이 심해져서 계단 오르내리기가 힘듭니다. 특히 아침에 일어날 때 뻣뻣함이 심합니다. 이게 단순 염좌인지 연골 손상인지 궁금합니다.

답변: 홍길동 님, 안녕하세요. ○○○ 병원 정형외과 김○○입니다.
말씀해 주신 증상은 단순 염좌보다는 연골 손상이나 초기 퇴행성관절염의 가능성도 있어 보입니다. 특히 아침 뻣뻣함이 30분 이상 지속한다면 염증성 변화를 의심해 볼 수 있습니다.
정확한 진단을 위해서는 직접 진찰과 필요하면 MRI 검사가 도움이 될 수 있습니다. 당장 내원이 어렵다면 다음과 같은 자가 관리를 권해드립니다.

- 무릎에 과도한 부담을 주는 활동 줄이기
- 하루 10~15분 정도의 가벼운 스트레칭
- 필요하면 냉찜질(하루 3~4회, 15~20분씩)

증상이 2주 이상 지속되거나 악화한다면 반드시 내원하시어 정확한 진단을 받으시길 권해드립니다. 궁금한 점이 있으시면 언제든지 추가 질문 남겨주세요.

빠른 쾌유를 빕니다.

이 답변의 포인트

- 환자의 이름을 언급하며 개인화된 응대
- 가능성 있는 진단에 대한 전문적 견해 제시
- 즉시 도움이 될 수 있는 구체적인 자가 관리법 제안
- 내원의 필요성을 적절히 안내하면서도 강요하지 않음
- 추가 질문을 환영하는 열린 태도
- 따뜻한 마무리로 인간미 표현

사례 2: 전문성과 공감을 균형 있게 담은 답변

질문: 4살 아이가 밤에 자다가 자주 깨고 열이 있어요. 코도 자주 막히고 기침도 해요. 감기인가요? 병원에 가야 할까요?

답변: 아이 건강 걱정에 밤잠 설치시는 부모님 마음이 느껴집니다. ○○○ 병원 소아청소년과 이○○입니다.

말씀하신 증상(발열, 코막힘, 기침, 수면 장애)은 일반적인 상기도 감염의 증상일 수 있습니다. 하지만 4살 아이의 경우 다음 상황에서는 병원 방문을 권해드립니다.

- 38.5도 이상의 고열이 24시간 이상 지속될 때
- 호흡이 빨라지거나 숨쉬기 힘들어 보일 때
- 수분 섭취가 현저히 줄거나 소변량이 감소할 때
- 평소보다 심하게 보채거나 기운이 없을 때

당장 병원 방문이 어렵다면
- 충분한 수분 섭취 돕기
- 실내 습도 유지하기(가습기 활용)
- 필요하면 해열제 사용(체중 kg당 10~15mg의 아세트아미노펜)

> 우리 병원은 소아 응급 상황에 대비한 24시간 상담 라인(000-0000)을 운영하고 있으니, 증상이 악화하거나 걱정되는 점이 있으시면 언제든 연락해 주세요.
>
> 아이가 빨리 건강을 회복하길 바랍니다. 좋은 소식 들려주세요.

이 답변의 포인트

- 부모의 걱정에 공감하는 따뜻한 도입부
- 병원 방문이 필요한 구체적인 상황 안내
- 당장 도움이 될 수 있는 실질적인 조언 제공
- 응급 상황에 대비한 연락처 제공
- 아이의 회복을 바라는 진정성 있는 마무리
- 후속 소식을 요청하여 지속적인 관계 형성

부적절한 답변의 형태

사례 1: 형식적이고 무성의한 답변

> 질문: 안녕하세요, 32세 여성입니다. 최근 무릎 통증이 심해져서 계단 오르내리기가 힘듭니다. 특히 아침에 일어날 때 뻣뻣함이 심합니다. 이게 단순 염좌인지 연골 손상인지 궁금합니다.
>
> 답변: 안녕하세요, ○○○ 병원입니다.

정확한 진단을 위해서는 내원하셔서 검사를 받으셔야 합니다. 우리 병원은 최신 MRI 장비를 갖추고 있으며, 경험 많은 의료진이 정확한 진단을 도와드립니다.

예약 및 문의: 000-0000

감사합니다.

이 답변의 문제점
- 환자의 구체적인 증상에 대한 언급 없음
- 단순히 내원을 유도하는 홍보성 답변
- 의학적 정보나 도움이 되는 조언 부재
- 진정성 없는 형식적인 마무리
- 병원 장비 홍보에 초점을 맞춤

사례 2: 지나치게 전문적이고 공감이 부족한 답변

질문: 4살 아이가 밤에 자다가 자주 깨고 열이 있어요. 코도 자주 막히고 기침도 해요. 감기인가요? 병원에 가야 할까요?

답변: 상기도 감염 의심됩니다. 비인두염, 인두 편도염, 급성 기관지염 등의 가능성이 있으며, 바이러스성 또는 세균성 원인에 따라 치료 방법이 달라질 수 있습니다. 발열은 체온조절중추의 설정점 상승으로 인한 정상적 면역반응이나, 소아의 경우 열성경련의 위험이 있으므로 주의가 필요합니다.

내원하시어 정확한 진단 받으시기 바랍니다.

이 답변의 문제점

- 과도하게 전문적인 의학 용어 사용
- 부모의 걱정에 대한 공감 부재
- 실질적인 도움이 되는 조언 부족
- 기계적이고 차가운 어조
- 인간적인 소통 부재

사례 3: 의료법 위반 소지가 있는 답변

질문: 여드름 흉터가 심한데, 레이저 치료가 효과 있을까요? 비용도 궁금합니다.

답변: 우리 병원의 프리미엄 프락셀 레이저는 여드름 흉터 치료에 탁월한 효과를 보입니다. 3회 시술만으로도 80% 이상 개선되는 놀라운 효과를 경험하실 수 있습니다. 현재 이벤트 중으로 1회 15만 원, 3회 패키지는 40만 원에 제공해 드리고 있습니다. 이번 주까지만 진행되는 특별 할인이니 서둘러 예약하세요!

이 답변의 문제점

- 효과를 과장하는 표현 사용
- 구체적인 가격 정보와 할인 홍보
- 환자의 상태에 대한 고려 없이 일괄적인 시술 권유
- 시간제한을 통한 즉각적인 예약 유도
- 의료법 위반 소지가 큰 마케팅 문구

상담 게시판으로 퍼스널 마케팅을 하는 방법은 어렵지 않습니다. 우선 상담 게시판 답변을 통해 자신의 전문 분야와 특기를 일관되게 보여주는 것이 중요합니다. 서울의 한 정형외과 의사는 "스포츠 손상에 특화된 전문성을 모든 답변에 자연스럽게 녹여내어, '스포츠 의학 전문가'로 차별화하고 있다."라고 말합니다.

둘째, 상담 게시판을 통해 자신의 진료 철학과 접근 방식을 보여줄 수 있습니다. 한 소아청소년과 의사는 항생제 사용을 최소화하고 자연 회복력을 중시하는 진료 철학을 답변에 일관되게 담아내고 있습니다.

셋째, 자주 묻는 말과 답변을 정리하여 홈페이지의 지식 콘텐츠로 발전시키는 전략도 효과적입니다. 상담 게시판에 자주 올라오는 질문들을 모아 '피부 건강 Q&A' 섹션을 만들어 FAQ로 활용할 수 있습니다.

홈페이지 상담 게시판은 의사에게 자신만의 디지털 진료실을 구축할 기회를 제공합니다. 외부 플랫폼의 규제와 제약에서 벗어나, 의사 본연의 전문성과 인간미를 자유롭게 표현할 수 있는 공간입니다.

의료 마케팅 환경이 변화하는 가운데, 홈페이지 상담 게시판은 의사의 퍼스널 브랜딩을 강화하는 귀중한 자산이 될 수 있습니다. 진정성 있는 소통과 전문적인 정보 제공을 통해, 환자들에게 "이 의사라면 믿고 진료받을 수 있겠다."라는 확신을 심어주는 것이 상담 게시판 운영의 궁극적인 목표입니다.

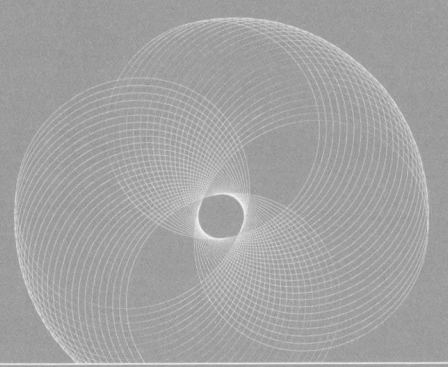

제4장

의사의 경험 제공: 좋은 경험으로 기억하게 하라

DOCTOR MARKETING

재내원,
환자의 경험이 좌우한다

　의사의 퍼스널 브랜딩은 명성을 얻기 위한 것이 아닌, 궁극적으로 환자의 신뢰를 얻고 재내원율을 높이기 위한 전략입니다. 아무리 뛰어난 온라인 콘텐츠와 미디어 노출로 초기 방문을 끌어냈다 하더라도, 실제 병원에서의 경험이 기대에 미치지 못한다면 그 효과는 일회성에 그치고 맙니다. 진정한 퍼스널 브랜딩의 성공은 온라인에서 형성된 이미지가 오프라인 경험과 일치할 때 완성됩니다.

　퍼스널 마케팅을 하는 의사들의 궁극적인 목표는 다양합니다. 일부는 정희원 교수의 "저속노화", 박용우 박사의 "스위치온 다이어트"처럼 전문 분야에서 권위자로 인정받아 강연, 유튜브, 방송 출연 등을 통해 의사를 넘어 '스타'의 길을 걷기도 합니다. 그러나 대부분 의사에게 퍼스널 마케팅은 병원 내원율을 높이고 환자와의 신뢰 관계를 구축하기 위한 수단입니다.

　퍼스널 마케팅의 성공은 온라인에서 형성된 이미지와 실제 병원에서의 경험이 일치할 때 가능합니다. 이 일치성이 무너질 때 환자는 실망하고, 그 실망은 부정적 구전으로 이어집니다.

퍼스널 마케팅이 새로운 환자를 개척하는 그물이 된다면 유입된 환자의 경험은 재내원을 결정합니다. 환자의 병원 경험은 의사와의 만남 이전부터 시작되어 진료 후까지 이어지는 총체적인 여정이고, 이 여정에서 퍼스널 마케팅과의 조화는 매우 중요합니다.

1. 의사의 진료 스타일과 태도

의사의 진료 스타일과 태도는 환자 경험의 가장 핵심적인 요소입니다. 환자들은 의학적 전문성뿐만 아니라 의사의 공감 능력, 경청 태도, 설명의 명확성 등을 중요하게 평가합니다.

환자가 말할 때 컴퓨터 화면만 보지 않고 눈을 맞추고 경청하는 것만으로도 환자 만족도가 크게 달라집니다. 작은 행동의 변화가 환자 경험을 크게 향상할 수 있습니다.

아이의 상태에 대해 불안해하시는 소아청소년과 의사라면 충분한 시간을 들여 설명하고 공감하는 것이 중요합니다. 현실적으로 많은 아이가 대기하고 있을 때 이러한 응대가 불만을 낳을 수도 있지만 제대로 된 공감을 받은 보호자로서는 기다리더라도 설명을 들을 수 있다는 기대와 만족으로 재내원으로 쉽게 이어집니다.

> **효과적인 진료 스타일을 위한 체크리스트**
>
> - 환자와 눈 맞춤 유지하기
> - 환자의 말을 중간에 끊지 않고 경청하기
> - 의학 용어를 최소화하고 이해하기 쉽게 설명하기
> - 환자의 질문에 충분히 답변하기
> - 진료 후 추가 질문이나 우려사항 확인하기
> - 치료 계획에 환자를 참여시키기

2. 대기 시간과 원내 환경

의사가 아무리 뛰어나도 긴 대기 시간과 불편한 원내 환경은 환자 경험을 크게 저하합니다. 특히 퍼스널 마케팅으로 인지도가 높아진 병원은 환자가 증가하면서 대기 시간이 길어지는 경우가 많습니다.

이를 해결하기 위해서는 예약 시스템을 개선하고, 대기 공간에 편의 시설을 확충하는 등 대기 공간 확보 등이 필요합니다. 또는 대기 시간 활용을 위해 로비에 영상을 송출하거나 원장님의 저서, 인터뷰 기사 등을 비치하는 것도 좋은 방법입니다.

> **대기 시간과 원내 환경 개선 전략**
>
> - 정확한 예약 시스템 구축하기

- 예상 대기 시간을 환자에게 미리 알리기
- 대기 공간을 편안하고 쾌적하게 조성하기
- 대기 시간 동안 유익한 정보 제공하기(건강 관련 영상, 책자 등)
- 무료 Wi-Fi, 충전 스테이션 등 편의 시설 제공하기
- 정기적인 원내 청결 관리하기

3. 직원의 응대 태도

성공적인 퍼스널 마케팅으로 병원에 환자들이 늘어나면 가장 힘든 사람은 의사 본인보다 직원입니다. 이전과 달리 늘어난 환자에 표정, 말투부터 피로함이 느껴지는 경우가 많습니다. 하지만 병원 직원의 응대 태도는 환자 경험에 큰 영향을 미칩니다. 접수부터 수납까지 모든 접점에서 직원들의 친절함과 전문성은 병원의 전체적인 이미지를 형성하기 때문입니다.

의사가 유명해지고 병원이 유명해져도 정작 서비스에 대한 작은 불만 하나가 퍼스널 마케팅의 효과를 반감시킵니다. 환자가 늘어나면 직원에 대한 처우를 개선하거나 직원 채용을 더 늘려야 합니다. 만약 양적 증대가 어렵다면 정기적인 서비스 교육, 매뉴얼 제작 및 도입 등이 필요합니다.

직원 응대 향상을 위한 전략

- 정기적인 서비스 교육 시행하기
- 환자 응대 매뉴얼 개발하기
- 단골 환자의 이름과 특이사항 기억하기

- 환자의 불편사항에 신속하게 대응하기
- 직원들의 서비스 정신 고취하기
- 우수 직원 포상 시스템 도입하기

4. 디지털 경험과의 연계

온라인 퍼스널 마케팅과 오프라인 경험의 연계는 환자 경험을 강화하는 중요한 요소입니다. 디지털 채널에서 형성된 관계가 실제 진료에서도 이어질 때 환자의 만족도가 높아집니다. 유튜브 채널을 통해 내원한 환자가 다시 로비에서 "유튜브에서 봤던 다이어트 방법"이라는 포스터, 인쇄물 등을 보게 되면 온라인과 오프라인의 연결성을 더 높일 수 있습니다.

또는 인스타그램 팔로워, 스레드 스친임을 인증하면 원내 카페를 이용할 수 있게 하거나 하는 서비스를 제공하게 되면 온라인으로 느꼈던 친밀감과 병원에 대한 소속감을 더 높일 수 있습니다.

디지털-오프라인 연계 전략
- 온라인 콘텐츠에서 언급한 주제를 진료실에서 재언급하기
- 디지털 팔로워를 위한 특별 서비스 마련하기
- 진료 후 온라인 자원(관련 영상, 블로그 글 등) 안내하기
- 온라인에서 형성된 의사 페르소나를 오프라인에서도 일관되게 유지하기

퍼스널 마케팅 활동이 활발해지면서 발생하는 중요한 문제 중

하나는 의사의 시간 배분입니다. 콘텐츠 제작, 미디어 출연, 강연 등으로 병원을 자주 비우게 되면 환자 경험에 부정적 영향을 미칠 수 있습니다.

콘텐츠 제작 시간과 진료 시간을 명확히 구분하는 것이 필요하며, 퍼스널 마케팅 활동을 위한 전담 인력도 차츰 확보해 나가야 합니다. 또한, 환자들에게 투명하게 일정이 공개되어서 원장님 만나기가 어려워졌다는 평가를 듣지 않도록 노력하는 것도 필요합니다.

퍼스널 마케팅은 단순히 의사의 인지도를 높이는 것에서 끝나지 않습니다. 진정한 성공은 온라인에서 형성된 이미지가 실제 병원 경험으로 이어질 때 완성됩니다. 환자들은 블로그나 유튜브에서 보여준 의사의 전문성과 인간미를 실제 진료에서도 경험하길 원합니다.

의사의 진료 스타일, 대기 시간과 원내 환경, 직원의 응대 태도, 부가 서비스, 디지털 경험과의 연계 등 모든 요소가 조화롭게 작용할 때 환자는 만족스러운 경험을 하게 됩니다. 이러한 긍정적 경험은 재내원으로 이어지고, 더 나아가 주변인에게 추천하는 충성 고객을 만들어 냅니다.

환자의 경험이 좌우하는 재내원, 퍼스널 브랜딩의 진정한 성공은 결국 환자가 병원을 나서는 순간의 미소에서 시작됩니다.

더 좋은 경험으로 소개를 당겨라: 충성 고객 관리하기

현대 의료 환경에서는 단순한 환자 경험을 넘어 '더 좋은 경험'을 제공하는 것이 핵심 경쟁력이 되었습니다. 환자들의 병원 선택 과정은 이제 단일 경로가 아닌 복합적인 여정으로 변화했습니다. 미디어를 통해 의사를 알게 되고, 검색엔진으로 정보를 찾아보고, 오프라인 간판을 확인하는 등 다양한 접점에서 병원과 의사에 대한 인상을 형성합니다.

환자 경험 관리의 궁극적 목표는 단순한 재내원을 넘어 적극적인 '소개'에 있습니다. 소개는 모든 내원 동기 중에서도 가장 강력한 힘을 발휘하며, 많은 병원에서 새로운 환자 유입의 절대적 비율을 차지합니다.

소개로 오는 환자는 이미 신뢰가 형성된 상태로 내원하기 때문에 진료 결정과 만족도가 훨씬 높게 마련입니다. 또 지급하는 금액도 높을 수 있고 재내원율 또한 높은 경향이 많습니다.

그렇다면 소개를 끌어내는 요소는 어디에 있을까요. 일반적인 경험을 뛰어넘은 더 좋은 경험이 있을 때입니다. 더 좋은 경험은 환자의 기대를 뛰어넘는 가치를 제공하고, 감동을 주며, 자발적인 소개로 이어지게 만드는 요소들을 포함합니다.

퍼스널 마케팅을 통해 의사의 철학과 전문성에 공감한 환자들은 이미 충성 고객이 될 가능성이 큽니다. 이러한 환자들을 더 좋은 경험으로 효과적으로 관리하면, 그들은 병원의 적극적인 옹호자가 되어 지인들에게 병원을 소개하게 됩니다. 이런 고객은 퍼스널 마케팅의 팬덤에서 충성 고객으로 전환된 것입니다.

충성 고객을 효과적으로 관리하고, 그들이 적극적으로 병원을 소개하도록 유도하기 위한 다양한 방법이 있습니다. 이러한 방법들은 각각 고유한 특성과 장점이 있으며, 병원의 상황과 환자층에 맞게 적절히 활용할 수 있습니다. 카카오톡 알림톡을 활용한 개인화된 소통, 환자의 이해를 돕는 인쇄물, 건강강좌 및 특별 이벤트, 사회 공헌 활동에의 참여 등이 그것입니다.

이러한 각각의 방법에 대해서는 뒷장에서 다루도록 하고, 이전에 더 중요한 것은 충성 고객 관리에 대한 핵심 원칙입니다.

첫째, 일관성을 유지해야 합니다. 모든 소통과 경험에서 일관된 메시지와 가치를 전달하는 것이 중요합니다. 의사의 퍼스널 브랜딩에서 강조하는 가치와 철학이 실제 환자 경험에서도 일관되게 나타나야 합니다.

만약 SNS에서 자연스러운 아름다움을 강조하는 메시지를 전달하고 있는 피부과가 있다면 실제 진료에서도 이러한 철학이 반영되어야 합니다. 모든 접점에서 일관된 가치를 경험할 때, 환자들은 더 깊은 신뢰를 형성합니다.

둘째, 개인화에 대한 강조입니다. 환자 개개인을 기억하고, 그들의 특별한 상황과 요구에 맞춘 경험을 제공하는 것이 중요합니다. 개인화된 경험은 환자들에게 특별한 가치를 느끼게 합니다.

환자 데이터베이스를 활용해 개인별 치료 이력, 선호도, 생활방식 등을 차트에 메모한 후 이를 바탕으로 맞춤형 조언을 하거나 서비스를 제공하는 것입니다. 나를 기억하고 있는 원장님은 환자들에게 큰 감동을 주게 됩니다.

셋째, 진정성을 유지해야 합니다. 모든 소통과 활동에서 진정성을 유지하는 것이 중요합니다. 환자들은 의사의 진심 어린 관심과 노력을 느낄 때 더 깊은 신뢰를 형성합니다.

마케팅 목적으로 형식적인 소통을 하는 것보다, 진정으로 환자의 건강과 행복을 염려하는 마음이 전달되는 것이 중요합니다. 진정성 있는 관심은 환자들이 금방 알아차릴 수밖에 없습니다.

넷째, 기대 이상의 가치를 제공하는 것입니다. 환자들의 기대를 뛰어넘는 추가적인 가치를 제공하는 것이 소개를 끌어내는 핵심입니다. 예상치 못한 긍정적 경험은 환자들이 자발적으로 공유하고 싶은 이야기가 됩니다.

치료가 끝난 뒤에도 개인에게 맞는 관리법, 가이드 등을 제공하고, 적절한 메시지를 보낸다면 환자들은 더 좋은 경험을 받게 되어 많은 소개로 이어질 수 있습니다.

퍼스널 마케팅을 통해 형성된 초기 신뢰를 바탕으로, 환자들에게 '더 좋은 경험'을 제공하여 자발적인 소개로 이어지게 하는 것이 성공적인 병원 운영의 핵심입니다. 카카오톡 알림톡, 맞춤형 인쇄물, 건강강좌, 사회 공헌 활동 등 다양한 방법을 통해 환자들에게 지속적인 가치를 제공하고, 병원과의 유대감을 강화할 수 있습니다.

고객 경험을 측정하는 도구: 네이버 폼

과거 병원들은 환자들의 속마음을 파악하기 위해 다양한 노력을 기울였습니다. 저도 병원에서 운영하는 지하철-병원 버스를 매일 30분 이상 타면서 환자들이 어떤 대화를 나누는지 엿듣기도 하고, 콜센터를 이용하여 환자들에게 직접 전화를 걸어 병원에 대한 의견을 묻기도 했습니다. 이러한 노력은 환자들이 병원 밖에서 하는 이야기들이 진짜 이야기임을 깨닫게 해주었고, 홍보 마케팅 전략 수립에 큰 도움이 되었습니다.

하지만 비대면 시대가 오면서 환자들의 속마음을 파악하기가 더욱 어려워졌습니다. 전화 통화를 꺼리는 '전화 공포증' 현상이 나타나고, 직접 대면 설문 조사에 참여하는 환자들의 수도 줄어들었습니다. 익명성을 보장하지 않는 설문 조사 참여율은 더욱 낮아졌습니다.

이러한 상황에서 네이버 폼과 같은 온라인 설문 도구는 환자들의 경험을 분석하고 정성적 지표를 확보하는 데 매우 유용한 대안이 될 수 있습니다. 특히 퍼스널 브랜딩을 위한 다양한 활동이 실제 환자 경험과 일치할 때 진정한 가치를 발휘한다는 점에서, 환자 경험 분석은 의사의 퍼스널 브랜딩 전략에 핵심적인 요소입니다.

환자의 경험 분석을 할 수 있는 대표적인 도구에는 네이버 폼, 구글 폼이 있습니다. 네이버 폼은 객관식, 주관식, 별점형, 복합형 등 다양한 질문 유형을 제공하며, 네이버 아이디만 있으면 누구나 쉽게 설문 조사를 만들고 배포할 수 있습니다. 구글 폼 역시 강력한 설문 조사 도구이며, 구글 스프레드시트와 연동하여 분석이 쉽고 공동 작업자 추가가 가능하다는 장점이 있습니다. 구글에 익숙한 사용자라면 구글 폼을, 네이버에 익숙한 사용자라면 네이버 폼을 선택하는 것이 좋습니다.

네이버 폼(https://form.naver.com/) 활용 방법

- 설문 유형 선택: 네이버 폼에 접속하여 설문 유형(일반 설문, 퀴즈, 투표 등)을 선택합니다.
- 질문 추가: 다양한 질문 유형(객관식, 주관식, 별점형 등)을 선택하여 설문 질문을 추가합니다.
- 디자인 설정: 설문 폼의 디자인을 변경하여 병원의 브랜드 아이덴티티를 반영합니다.
- 공유 링크 생성: 설문 조사 링크를 생성합니다.
- 발송: 카카오톡, 문자 등을 활용하여 설문 조사 링크를 발송합니다.
- 결과 체크: 네이버 폼에서 설문 조사 결과를 확인하고 분석합니다.

환자 경험 분석을 위한 설문 항목 예시

다음은 환자의 경험에 초점을 맞춘 설문 항목의 예시입니다.

1. 병원 방문 전 경험
- 우리 병원을 어떻게 알게 되셨나요?(선택: 지인 소개, 인터넷 검색, SNS, 광고 등)
- 우리 병원을 선택하신 가장 큰 이유는 무엇인가요?(선택: 의료진의 전문성, 병원의 명성, 편리한 위치, 친절한 서비스, 긍정적인 후기 등)
- 우리 병원에 오시기 전에 어떤 점이 가장 궁금하셨나요?(주관식)
- 우리 병원 홈페이지나 SNS에서 어떤 정보를 얻으셨나요?(선택: 진료 시간, 진료과목, 의료진 소개, 치료 방법, 비용 등)

2. 병원 방문 경험
- 예약 과정은 편리했나요?(별점 5점 척도)
- 병원 대기 시간은 적절했나요?(선택: 매우 짧았다, 짧았다, 보통이었다, 길었다, 매우 길었다)
- 대기 공간은 쾌적했나요?(선택: 매우 쾌적했다, 쾌적했다, 보통이었다, 불쾌했다, 매우 불쾌했다)
- 직원들은 친절했나요?(별점 5점 척도)
- 진료 과정에서 가장 좋았던 점은 무엇인가요?(주관식)
- 진료 과정에서 아쉬웠던 점은 무엇인가요?(주관식)
- 진료 시간은 충분했나요?(선택: 매우 충분했다, 충분했다, 보통이었다, 부족했다, 매우 부족했다)
- 의료진의 설명은 이해하기 쉬웠나요?(별점 5점 척도)
- 치료 과정에 대한 설명을 충분히 들으셨나요?(선택: 매우 그렇다, 그렇다, 보통이다, 아니다, 전혀 아니다)
- 병원 시설은 깨끗하고 편리했나요?(별점 5점 척도)

3. 병원 방문 후 경험
- 우리 병원을 다른 사람에게 추천하시겠습니까?(별점 10점 척도-NPS 조사)

- 우리 병원을 추천하는 이유는 무엇인가요?(주관식)
- 우리 병원을 개선할 점이 있다면 무엇인가요?(주관식)
- 진료 후 궁금한 점이 있을 때 연락하기 편리했나요?(선택: 매우 그렇다, 그렇다, 보통이다, 아니다, 전혀 아니다)
- 우리 병원에서 제공하는 정보가 도움이 되었나요?(선택: 매우 도움이 되었다, 도움이 되었다, 보통이다, 도움이 안 되었다, 전혀 도움이 안 되었다)
- 우리 병원에 다시 방문하실 의향이 있으신가요?(선택: 매우 그렇다, 그렇다, 보통이다, 아니다, 전혀 아니다)

4. 특정 서비스에 대한 만족도(선택적)
- [특정 시술/치료]에 대한 만족도는 어떠신가요?(별점 5점 척도)
- [특정 시술/치료]를 통해 어떤 효과를 보셨나요?(주관식)
- [특정 시술/치료]를 다른 사람에게 추천하시겠습니까?(선택: 매우 그렇다, 그렇다, 보통이다, 아니다, 전혀 아니다)
- [특정 이벤트/프로그램]에 참여하신 소감은 어떠신가요?(주관식)

5. 의료진, 간호사 등에 대한 피드백(선택적)
- [특정 의료진/간호사]에게 어떤 점이 가장 인상 깊었나요?(주관식)
- [특정 의료진/간호사]에게 개선되었으면 하는 점이 있다면 무엇인가요?(주관식)

6. 이벤트 참여 유도(선택적)
- 다음 중 이벤트 시 가장 참여하고 싶은 항목은 무엇인가요?(선택: 경옥고, 공진단, 다이어트 한약, 피부 관리 시술, 건강검진 등)
- 어떤 종류의 건강 정보를 가장 알고 싶으신가요?(주관식)

네이버 폼은 설문 조사 결과를 그래프 형태로 제공하여 한눈에 알아보기 쉽게 해줍니다. 하지만 단순히 결과를 확인하는 것에서 멈추지 않고, 이를 토대로 개선 방안을 도출하고 실행하는 것이 중요합니다.

모든 설문을 활용한다기보다 특정 주제를 선택하여 5개 내외의 문항으로 네이버 폼을 구성하여 적극적으로 활용한다면 퍼스널 마케팅의 효과를 측정하고, 개선점을 알아가는 데 도움이 될 것입니다. 환자 경험 개선은 곧 병원의 성공으로 이어집니다.

카카오톡 비즈메시지: 맞춤형 정보 제공 및 소통

카카오톡은 한국인 대다수가 사용하는 메신저로, 병원과 환자 간의 소통 채널로서도 중요한 역할을 합니다. 특히 카카오톡의 비즈메시지 중 하나인 '알림톡'은 예약 안내, 검사 결과 통보 등 정보 제공에 특화된 서비스로, 퍼스널 마케팅을 하는 의사에게 효과적인 소통 도구가 될 수 있습니다.

카카오톡에서는 병원을 위한 다양한 비즈메시지 서비스를 제공하는데요. 각각의 특징을 이해하고 적절히 활용하면 환자 경험을 개선하고, 병원의 효율적인 운영을 도울 수 있습니다.

1. 알림톡(information talk)

알림톡은 기업 고객이 카카오톡을 통해 사용자에게 정보성 메시지를 발송할 수 있는 서비스입니다. 카카오톡 친구를 맺지 않은 사용자에게도 발송할 수 있다는 장점이 있습니다. 주문 확인, 예약 안내, 결제 내역, 배송 현황 등 '정보 제공'에 초점을 맞춘 메시지에 주로 사용됩니다.

병원에서는 다음과 같은 상황에서 알림톡을 효과적으로 활용할 수 있습니다.

- 진료 예약 및 변경 안내: 예약 일시, 장소, 준비사항 등을 상세히 안내하여 환자의 혼란을 줄입니다.
- 검사 결과 안내: 검사 결과 확인 방법, 주의사항 등을 안내하여 환자의 불안감을 해소합니다.
- 진료 후 관리 안내: 약 복용법, 생활 습관 관리법 등 진료 후 필요한 정보를 제공하여 환자의 회복을 돕습니다.
- 정기 검진 알림: 정기 검진 시기를 알려주어 환자의 건강관리를 지원합니다.

2. 상담톡(counseling talk)

상담톡은 카카오톡 이용자와 기업의 상담원이 채팅을 주고받을 수 있도록 하는 API 상품입니다. 여행사, 쇼핑몰 등 고객 상담이 많은 기업에서 주로 사용되며, 병원에서는 예약 확인, 취소, 변경 등 고객센터 운영에 유용합니다.

상담톡은 다음과 같은 장점을 가집니다.

- 실시간 상담: 환자와 실시간으로 소통하며 문의 사항에 즉각적으로 응대할 수 있습니다.
- 맞춤형 상담: 환자의 개별적인 상황에 맞춰 맞춤형 상담을 제공할 수 있습니다.

- 상담 이력 관리: 상담 내용을 체계적으로 관리하여 환자 정보를 효율적으로 활용할 수 있습니다.
- 업무 효율성 향상: 반복적인 문의에 대한 자동 응답 기능을 통해 상담 업무 효율성을 높일 수 있습니다.

3. 친구톡(friend talk)

친구톡은 카카오톡 채널을 추가한 이용자에게 광고성 메시지를 발송할 수 있는 서비스입니다. 신규 이벤트, 할인 정보, 병원 소식 등을 전달하여 환자들의 관심을 유도하고, 병원 방문을 유도할 수 있습니다.

친구톡 활용 시 주의사항

- 광고성 메시지: 친구톡은 '광고' 메시지이므로, 수신 동의를 받은 사용자에게만 발송해야 합니다.
- 정보 제공: 단순히 광고 메시지만 보내기보다, 건강 정보나 유용한 팁을 함께 제공하여 환자들의 관심을 유도합니다.
- 발송 시간: 환자들이 메시지를 확인하기 쉬운 시간대를 선택하여 발송합니다.
- 메시지 빈도: 너무 잦은 메시지 발송은 오히려 역효과를 낼 수 있으므로, 적절한 빈도를 유지합니다.

퍼스널 마케팅을 하는 의사라면 카카오톡 비즈메시지를 이용하여 자신의 활동을 안내하고, 환자들과 지속적인 관계를 유지할 수 있습니다.

카카오톡 비즈메시지를 활용한 퍼스널 마케팅 사례를 하나씩 살펴볼게요.

1. 콘텐츠 업데이트 알림

블로그, 유튜브, 인스타그램 등에 새로운 콘텐츠를 게시했을 때, 알림톡으로 환자들에게 알려줄 수 있습니다. 이는 콘텐츠의 도달률을 높이고, 환자들에게 지속적인 가치를 제공하는 의사라는 인상을 심어줍니다.

부산의 한 정형외과 의사는 "유튜브에 새 영상을 업로드할 때마다 알림톡으로 '닥터 김의 허리 건강 시리즈 새 영상이 업로드되었습니다.'라는 메시지와 함께 링크를 보냅니다. 이 전략을 시작한 후 영상 조회 수가 증가했습니다."라고 전합니다.

> **효과적인 콘텐츠 알림 예시**
>
> [닥터 김의 건강 채널]
>
> 새로운 콘텐츠가 업데이트되었습니다!
>
> ∨ 주제: 일상에서 실천하는 허리 건강 운동 5가지
>
> ∨ 핵심 내용: 5분만 투자해도 효과적인 허리 강화 운동
>
> ∨ 바로가기: (링크)
>
> 더 많은 건강 정보는 닥터 김의 유튜브 채널에서 확인하세요.

2. 라이브 방송 및 이벤트 사전 안내

유튜브 라이브 방송이나 인스타그램 라이브 방송을 앞두고 알림

톡으로 사전 공지를 하면 참여율을 크게 높일 수 있습니다. 또한, 건강강좌, 북 콘서트 등 오프라인 이벤트도 알림톡으로 효과적으로 홍보할 수 있습니다.

라이브 방송 안내 알림톡 예시

[닥터 이의 마음 건강 상담소]

내일 저녁 8시 라이브 방송 안내

∨ 주제: 직장인 번아웃 극복하기

∨ 일시: 2023년 6월 15일 저녁 8시

∨ 플랫폼: 유튜브 '닥터 이의 마음 건강' 채널

∨ 특별 코너: 실시간 시청자 질문 답변

알림 설정하기: (링크)

많은 참여 부탁드립니다!

3. 출판물 및 미디어 출연 소식

책 출간이나 TV, 라디오 등 미디어 출연 소식을 알림톡으로 공유하면 의사의 전문성과 인지도를 효과적으로 알릴 수 있습니다. 이는 환자들에게 "내가 진료받는 의사가 인정받는 전문가"라는 인식을 심어주는 데 도움이 됩니다.

출판물 소식 알림톡 예시

[닥터 박의 건강 라이브러리]

신간 도서 출간 소식

『쉽게 따라 하는 당뇨 식단 관리』 도서가 출간되었습니다.

20년간의 임상 경험을 바탕으로 한 실용적인 당뇨 관리법을 담았습니다.

∨ 출간일: 2023년 5월 10일

∨ 출판사: 건강 미디어

∨ 구매 링크: (링크)

교보문고, 예스24 등 주요 서점에서 만나보실 수 있습니다.

4. 계절별, 시기별 건강 정보 제공

계절성 질환이나 시기별 주의해야 할 건강 정보를 알림톡으로 제공하면, 환자들에게 지속해서 관심이 있다는 인상을 줄 수 있습니다. 이는 의사의 전문성을 자연스럽게 보여주는 동시에, 환자 건강관리에 실질적인 도움을 줍니다.

계절별 건강 정보 알림톡 예시

[닥터 김의 건강 알림]

여름철 온열 질환 예방 가이드

불볕더위가 지속하는 여름, 온열 질환 예방을 위한 핵심 수칙을 안내해 드립니다.

∨ 물 자주 마시기(갈증 느끼기 전에 규칙적으로)

∨ 오후 2~5시 외출 자제하기

∨ 시원한 옷 입기와 그늘 활용하기

∨ 어지러움, 두통, 메스꺼움 느낄 시 즉시 휴식

자세한 내용 보기: (링크)

카카오톡 메시지는 짧은 텍스트로 핵심 정보를 전달해야 하므로, 간결하고 명확하게 작성하는 것이 중요합니다.

- 핵심 내용 강조: 메시지의 가장 중요한 내용을 먼저 제시하여 환자의 시선을 사로잡습니다.
- 간결하고 명확한 표현: 복잡한 문장이나 전문 용어 사용을 자제하고, 누구나 이해하기 쉬운 표현을 사용합니다.
- CTA(Call to Action) 명확화: 메시지를 통해 환자가 어떤 행동을 취하길 원하는지 명확하게 제시합니다. (예: "지금 예약하기", "자세히 보기", "문의하기")
- 브랜드 이미지 반영: 병원의 로고나 대표 색상을 사용하여 브랜드 이미지를 강화합니다.

결국 카카오톡 비즈메시지는 의사의 퍼스널 브랜딩을 위한 종합적인 전략의 중요한 한 축으로, 온라인 콘텐츠 제작과 오프라인 진료 사이의 다리 역할을 합니다. 정보의 적절성, 발송 빈도, 개인화 수준을 최적화하여 활용한다면, 환자와의 관계를 더욱 깊고 지속해서 발전시키는 강력한 지원군이 될 것입니다.

[참고] 카카오톡 비즈니스 메시지 보내기 실무 가이드

1. 카카오톡 비즈니스 계정 설정

알림톡을 사용하기 위해서는 먼저 카카오톡 비즈니스 계정을 설정해야 합니다. 카카오톡 비즈니스 웹사이트(https://business.kakao.com)에서 계정을 생성하고, 사업자 정보를 등록한 후 알림톡 서비스를 신청할 수 있습니다.

2. 발신 프로필 설정

알림톡을 보낼 때 사용할 발신 프로필을 설정합니다. 병원 로고, 이름, 간단한 소개 등을 포함하여 전문적인 이미지를 형성하세요. 발신 프로필은 환자들이 메시지를 신뢰하고 열어볼 확률을 높이는 중요한 요소입니다.

3. 템플릿 등록 및 승인

알림톡은 사전에 등록하고 승인받은 템플릿만 사용할 수 있습니다. 정보성 메시지여야 하며, 광고성 내용이 포함되면 승인이 거부될 수 있습니다. 다양한 상황에 맞는 템플릿을 미리 준비하고 승인받아 두면 효율적으로 운영할 수 있습니다.

4. 환자 데이터베이스 관리

효과적인 알림톡 발송을 위해서는 환자 데이터베이스를 체계적으로 관리해야 합니다. 환자의 기본정보뿐만 아니라, 관심 분야, 이전 진료 내용, 특이사항 등을 기록하여 맞춤형 메시지를 발송할 수 있도록 준비하세요.

5. 성과 측정 및 최적화

알림톡의 효과를 지속해서 측정하고 최적화하는 것이 중요합니다. 열람률, 클릭률, 예약 전환율 등의 지표를 모니터링하고, 어떤 내용과 형식의 메시지가 가장 효과적인지 분석하세요. 이를 바탕으로 알림톡 전략을 개선할 수 있습니다.

인쇄물:
환자의 이해를 돕는 소통

디지털 시대에도 불구하고, 인쇄물은 여전히 환자와의 소통에 있어 중요한 역할을 담당합니다. 특히 의사의 퍼스널 브랜딩을 강화하고 환자 경험을 향상하는 데 효과적인 도구로 활용될 수 있습니다. 환자들이 진료실에서 의사와 직접 대면하는 시간은 제한적이지만, 잘 설계된 인쇄물은 환자가 병원 밖에서도 의사의 전문성과 철학을 접할 수 있게 해줍니다.

병원에서 마케팅 수단으로 활용되는 대표적인 인쇄물에는 리플릿, 브로셔, 포스터가 있습니다. 각각의 특성과 용도를 이해하면 더욱 효과적으로 활용할 수 있습니다.

1. 리플릿(leaflet)

리플릿은 일반적으로 A4 용지를 2~3번 접은 형태의 인쇄물로, 정보 제공에 적합합니다. 작고 가벼워 환자들이 가지고 갈 수 있으며, 특정 질환이나 치료법에 대한 간결한 정보를 전달하는 데 효과적입니다.

주요 특징

- 크기: 보통 A4 용지를 2~3번 접은 형태
- 페이지 수: 6~8페이지 정도
- 용도: 특정 질환, 치료법, 예방법 등에 대한 정보 제공

활용 예시

- 당뇨병 관리 가이드
- 허리 통증 예방 운동법
- 계절성 알레르기 대처법
- 올바른 약 복용법
- 수술 후 주의사항

2. 브로슈어(brochure)

브로슈어는 리플릿보다 더 많은 정보를 담을 수 있는 소책자 형태의 인쇄물입니다. 병원이나 특정 클리닉을 종합적으로 소개하거나, 의사의 전문 분야와 철학을 자세히 설명하는 데 적합합니다.

주요 특징

- 크기: A4 또는 A5 크기의 소책자 형태
- 페이지 수: 8~24페이지 정도
- 용도: 병원 및 클리닉 소개, 의사의 전문 분야 및 철학 설명

활용 예시

- 병원 전체 소개 및 의료진 프로필

- 특화 클리닉 안내(비만 클리닉, 척추 센터 등)
- 최신 의료 장비와 시설 소개
- 의사의 진료 철학과 접근 방식

3. 포스터(poster)

포스터는 벽이나 게시판에 부착하여 많은 사람의 시선을 끌기 위한 대형 인쇄물입니다. 주로 이벤트, 건강 캠페인, 새로운 서비스 등을 알리는 데 사용됩니다.

주요 특징
- 크기: A3, A2, A1 등 대형 크기
- 용도: 이벤트, 건강 캠페인, 병원 활동 알림

활용 예시
- 건강강좌 및 세미나 안내
- 계절별 건강관리 팁
- 새로운 의료진 소개
- 특별 검진 프로그램 안내
- 병원 개원 기념 이벤트

인쇄물은 단순한 정보 전달 수단을 넘어 의사의 퍼스널 브랜딩을 강화하는 중요한 도구가 될 수 있습니다. 다음은 효과적인 인쇄물 전략을 위한 핵심입니다.

1. 일관된 시각적 아이덴티티 구축

모든 인쇄물에 일관된 색상, 폰트, 로고를 사용하여 시각적 아이덴티티를 구축하세요. 이는 환자들이 의사와 병원을 쉽게 인식하고 기억하는 데 도움이 됩니다.

2. 전문성과 친근함의 균형

인쇄물에서 의학적 전문성을 보여주되, 지나치게 딱딱하거나 어려운 내용은 피하세요. 전문적이면서도 친근한 톤으로 환자들에게 다가가는 것이 중요합니다.

3. 환자 중심의 콘텐츠 구성

인쇄물의 내용은 의사가 알리고 싶은 정보보다 환자가 알고 싶어 하는 정보에 초점을 맞추세요. 환자들의 자주 묻는 질문, 우려사항, 필요한 정보를 중심으로 구성하면 더 효과적입니다.

4. 온라인과 오프라인의 연계

인쇄물에 QR 코드를 포함해 블로그, 유튜브, 인스타그램 등 온라인 콘텐츠로 연결하세요. 이는 오프라인에서 시작된 환자 경험을 온라인으로 확장하는 효과적인 방법입니다.

5. 정기적인 업데이트와 관리

인쇄물은 정기적으로 업데이트하고, 오래되거나 지저분한 게시물은 즉시 제거하세요. 최신 정보와 깔끔한 관리는 의사와 병원의 전문성과 신뢰도를 반영합니다.

디지털 시대에도 불구하고, 잘 설계된 인쇄물은 의사의 퍼스널 브랜딩을 강화하고 환자 경험을 향상하는 데 여전히 중요한 역할을 합니다. 리플릿, 브로슈어, 포스터 등 다양한 인쇄물을 통해 의사는 자신의 전문성, 철학, 인간적인 면모를 효과적으로 전달할 수 있습니다.

미리캔버스, 망고보드, 캔바 등의 온라인 디자인 도구를 활용하면, 전문 디자이너의 도움 없이도 높은 품질의 인쇄물을 제작할 수 있습니다. 이러한 도구들은 의사가 직접 자신의 아이디어와 메시지를 시각화하는 데 큰 도움이 됩니다.

인쇄물은 단순한 정보 전달 수단을 넘어, 환자와의 관계를 강화하고 신뢰를 구축하는 중요한 소통 채널입니다. 환자들은 진료실에서 받은 인쇄물을 통해 집에서도 의사의 조언과 지식을 계속 접할 수 있으며, 이는 의사-환자 관계의 지속성을 강화합니다.

결국, 인쇄물은 의사의 퍼스널 브랜딩 확보 전략에서 중요한 한 축을 담당하며, 온라인 활동과 함께 균형 있게 활용될 때 가장 큰 효과를 발휘합니다. 환자의 이해를 돕고 좋은 경험을 제공하는 인쇄물을 통해, 의사는 자신만의 차별화된 브랜드 이미지를 구축하고 환자들의 마음속에 오래 기억되는 의료인으로 자리매김할 수 있을 것입니다.

차별화된 경험 제공: 특별한 서비스, 이벤트

의료 서비스의 본질은 환자 치료에 있지만, 오늘날 의료 환경에서 환자들은 단순한 치료를 넘어 특별한 경험을 기대합니다. 퍼스널 브랜딩을 구축한 의사가 제공하는 차별화된 경험은 환자들에게 깊은 인상을 남기고, 병원에 대한 충성도와 신뢰를 높이는 강력한 요소가 됩니다. 이러한 특별한 경험은 환자들이 다른 이들에게 자발적으로 병원을 추천하게 만드는 원동력이 되기도 합니다.

차별화된 경험은 다음과 같은 이유로 퍼스널 브랜딩에 중요합니다.

- 기억에 남는 인상 형성: 특별한 경험은 환자의 기억에 오래 남아 병원과 의사에 대한 긍정적 이미지를 형성합니다.
- 정서적 유대감 강화: 의사와의 개인적 만남이나 특별한 서비스는 환자와의 정서적 유대감을 강화합니다.
- 온라인과 오프라인 이미지의 일치: 온라인에서 구축한 퍼스널 브랜드 이미지를 오프라인 경험으로 확장하고 강화합니다.
- 구전 효과 증대: 차별된 경험은 환자들이 주변인에게 자발적으로

병원을 추천하게 만듭니다.
- 재방문율 향상: 특별한 경험은 환자들이 다시 병원을 찾게 하는 강력한 동기가 됩니다.

차별화된 경험 제공 방법의 유형은 의사와의 직접 만남, 개인화된 소통, 특별 이벤트, 건강 일과 명절 챙기기 등을 들 수 있습니다.

의사와의 직접 만남: 티타임과 건강강좌

1. 의사와의 티타임

의사와 소규모 환자 그룹이 편안한 분위기에서 차를 마시며 대화하는 티타임은 환자들에게 특별한 경험을 제공합니다. 이는 진료실의 공식적인 환경을 벗어나 더욱 친근하고 개인적인 소통을 가능하게 합니다.

티타임 운영 팁
- 편안하고 아늑한 공간 선택(병원 내 별도 공간 또는 근처 카페)
- 6~10명 정도의 소규모 그룹으로 진행
- 매월 특정 주제 선정(예: 수면 건강, 스트레스 관리, 계절별 건강관리 등)
- 간단한 다과와 차 준비
- 사전 예약제로 운영하여 참여 의지가 높은 환자들 모집
- 진료실과 다른 격식 없는 복장으로 친근한 분위기 조성

2. 원내 건강강좌

의사가 직접 진행하는 건강강좌는 환자들에게 유용한 정보를 제공하는 동시에, 의사의 전문성을 보여주는 좋은 기회입니다. 티타임보다 더 많은 인원을 대상으로 하며, 더욱 구조화된 형태로 진행됩니다.

> **건강강좌 운영 팁**
> - 병원 내 세미나실이나 근처 대여 공간 활용
> - 파워포인트, 동영상 등 시각 자료 활용
> - 실제 사례와 경험 공유로 공감대 형성
> - 참가자를 위한 요약 자료 제작 및 배포
> - 온라인 라이브 방송 병행으로 참여 범위 확대
> - 참가자 대상 간단한 건강 체크 서비스 제공(혈압, 혈당 측정 등)

광주의 한 한의사는 "강좌 끝에 5분 동안 간단한 명상이나 스트레칭을 함께하며 마무리합니다. 이런 작은 체험이 환자들에게 특별한 경험으로 기억되고, SNS에 공유되는 경우가 많습니다."라고 말합니다.

개인화된 소통: 친필 편지와 맞춤형 정보

1. 의사의 친필 편지와 메모

디지털 시대에 손 글씨는 더욱 특별한 가치를 갖습니다. 의사가 직접 작성한 친필 편지나 메모는 환자에게 진정성과 관심을 전달하는 강력한 도구가 될 수 있습니다.

> **친필 소통 아이디어**
> - 새로운 환자를 위한 환영 카드
> - 생일 축하 메시지
> - 치료 과정의 중요한 단계를 축하하는 메모
> - 장기 치료 환자를 위한 격려 편지
> - 퇴원 환자를 위한 회복 기원 카드

친필 메시지는 규모가 큰 병원에서는 모든 환자에게 제공하기 어려울 수 있습니다. 이런 경우 특별한 환자(첫 방문, 수술 환자, VIP 환자 등)에 선택적으로 적용하는 것이 현실적입니다.

2. 맞춤형 건강 정보 제공

환자의 상태와 관심사에 맞춘 개인화된 건강 정보를 제공하는 것도 차별화된 경험을 만드는 방법입니다. 이는 의사가 환자 개개인에게 관심을 두고 있다는 메시지를 전달합니다.

> **맞춤형 정보 제공 방법**
> - 환자 데이터베이스 구축(진단, 치료 과정, 관심사 등)
> - 정보 제공 조기 설정(월별, 계절별, 치료 단계별)
> - 전달 채널 다양화(이메일, 문자, 카카오톡, 인쇄물 등)
> - 내용의 개인화 수준 결정(이름 언급부터 완전 맞춤형까지)
> - 피드백 수집 및 반영

특별 이벤트: 사인회와 건강 체험

1. 도서 사인회

의학 서적이나 건강 관련 책을 출간한 의사라면, 병원에서 사인회를 개최하는 것은 환자들에게 특별한 경험을 제공하는 좋은 방법입니다. 이는 의사의 전문성을 강조하는 동시에, 환자와의 개인적 만남을 통해 유대감을 형성합니다.

> 사인회 운영 팁
> - 충분한 사전 홍보(병원 내 포스터, SNS, 문자 안내 등)
> - 편안하고 접근성 좋은 공간 선택
> - 간단한 다과 준비
> - 사진 촬영 코너 마련
> - 참석자를 위한 특별 할인이나 사은품 준비
> - 책 내용과 연관된 미니 강연이나 Q&A 세션 포함

2. 건강 체험 이벤트

환자들이 직접 참여하고 체험할 수 있는 건강 관련 이벤트는 교육적 가치와 함께 특별한 경험을 제공합니다. 이는 병원과 의사에 대한 긍정적인 인상을 형성하는 데 도움이 됩니다.

> 건강 체험 이벤트 아이디어
> - 계절별 건강 요리 교실
> - 스트레스 해소를 위한 명상 워크숍

- 올바른 운동법 교실(스트레칭, 걷기, 요가 등)
- 가족 건강 체크업 데이
- 어린이를 위한 의사 체험 프로그램
- 시니어를 위한 낙상 예방 교실

기념일과 특별한 날 챙기기

1. 환자 생일과 치료 기념일

환자의 생일이나 치료 과정의 중요한 단계를 기념하는 것은 환자에게 특별한 관심을 보여주는 방법입니다. 이는 의사와 병원이 환자를 단순한 환자 번호가 아닌 한 사람으로 인식하고 있다는 메시지를 전달합니다.

기념일 챙기기 아이디어
- 생일 축하 카드나 문자 메시지
- 치료 완료 기념 인증서
- 건강 목표 달성 축하 메시지
- 수술 후 1년 기념 체크업 안내
- 장기 치료 과정의 중간 단계 축하

2. 계절 행사와 명절

계절 변화나 명절과 같은 특별한 시기를 활용한 이벤트나 메시지는 환자들에게 병원과 의사를 더 자주 떠올리게 만듭니다. 이는 지속적인 관계 유지에 도움이 됩니다.

계절 및 명절 이벤트 아이디어
- 여름 자외선 차단 캠페인
- 겨울 면역력 강화 프로그램
- 명절 건강관리 가이드 배포
- 환절기 건강 체크업 특별 프로그램
- 새해 건강 목표 설정 워크숍

효과적인 차별화 경험을 제공하기 위해서는 체계적인 접근이 필요합니다. 다음은 성공적인 차별화 경험 설계를 위한 전략입니다.

차별화된 경험 제공은 의사의 퍼스널 브랜딩을 완성하는 핵심 요소입니다. 온라인에서 구축한 이미지와 전문성이 실제 환자 경험과 일치할 때, 진정한 브랜드 가치가 형성됩니다.

티타임, 건강강좌, 친필 편지, 사인회 등 다양한 방법을 통해 환자들에게 특별한 경험을 제공함으로써, 의사는 단순한 의료 서비스 제공자를 넘어 환자의 건강 여정을 함께하는 동반자로 자리매김할 수 있습니다.

사회 공헌 활동:
의료 봉사, 기부, 공익 건강강좌 등

    병원과 의사의 사회 공헌 활동은 단순한 선행을 넘어 퍼스널 브랜딩의 중요한 요소로 자리 잡고 있습니다. 의료인으로서의 전문성과 인간적인 따뜻함을 동시에 보여줄 수 있는 사회 공헌 활동은 지역사회와의 유대를 강화하고, 의사에 대한 긍정적인 이미지를 형성하는 데 큰 도움이 됩니다. 퍼스널 마케팅의 일환으로서 더 좋은 경험 제공은 원내 환자뿐 아니라 지역, 나아가 전국 단위로도 확장될 수 있으며, 이는 궁극적으로 병원으로의 환자 유입에도 긍정적인 영향을 미칩니다.

    사회 공헌 활동은 의사와 병원이 지역사회와 함께 성장하고, 사회적 책임을 다하는 모습을 보여줍니다. 이는 단순한 마케팅 전략을 넘어, 의료인으로서의 본질적인 가치를 실현하는 방법이기도 합니다.

    사회 공헌 활동이 퍼스널 브랜딩에 미치는 긍정적 영향은 다음과 같습니다.

- 신뢰와 존경 구축: 사회 공헌 활동은 의사에 대한 신뢰와 존경을 형성합니다.
- 인간적인 면모 강조: 전문가로서의 이미지를 넘어 따뜻한 인간적 면모를 보여줍니다.
- 지역사회와의 유대 강화: 지역사회와의 긍정적인 관계를 구축하는 데 도움이 됩니다.
- 차별화된 이미지 형성: 경쟁이 치열한 의료 환경에서 차별화된 이미지를 구축할 수 있습니다.
- 자연스러운 홍보 효과: 언론 보도나 입소문을 통해 자연스러운 홍보 효과를 얻을 수 있습니다.

퍼스널 마케팅을 강화할 수 있는 사회 공헌 활동은 국내외 의료 봉사활동, 기부활동, 공익 건강강좌, 지역사회 건강 증진 프로그램 등이 있습니다.

의료 봉사활동

의료 봉사활동은 의사가 자신의 전문성을 활용하여 직접 사회에 이바지할 수 있는 가장 대표적인 방법입니다. 국내외 다양한 형태의 의료 봉사활동을 통해 의사는 전문가로서의 사회적 책임을 다하고, 동시에 긍정적인 퍼스널 브랜드를 구축할 수 있습니다.

1. 국내 의료 봉사

(1) 지역 소외계층 대상 무료 진료

지역 내 경제적, 지리적 이유로 의료 서비스 접근이 어려운 소외계층을 대상으로 한 무료 진료는 가장 기본적인 형태의 의료 봉사 활동입니다.

(2) 찾아가는 의료 서비스

교통이 불편한 농어촌 지역이나 의료 취약지역을 직접 찾아가는 의료 봉사활동은 지역 주민들에게 큰 도움이 됩니다.

(3) 재난 의료 지원

자연재해나 대형사고 발생 시 의료 자원봉사는 위기 상황에서 의사의 사회적 책임을 보여주는 중요한 활동입니다.

2. 해외 의료 봉사

(1) 개발도상국 의료 봉사

의료 환경이 열악한 개발도상국에서의 의료 봉사는 국제적인 시각과 경험을 넓히는 동시에, 글로벌 의료인으로서의 이미지를 구축하는 데 도움이 됩니다.

서울의 한 성형외과 의사는 매년 베트남과 미얀마를 방문하여 구순구개열(언청이) 환자들을 위한 무료 수술을 시행합니다. "현지 의료진과 협력하여 일주일 동안 약 30~40명의 아이에게 수술을 제공합니다. 이 아이들에게는 인생을 바꿀 기회가 되고, 저에게는 의사로서의 보람을 느끼는 소중한 시간입니다."

그는 "해외 의료 봉사 경험과 사진을 병원 블로그와 SNS에 공유했더니, 환자들이 '따뜻한 마음을 가진 의사'라는 인식하게 되었다."고 말합니다. "실제로 '봉사활동 하시는 모습을 보고 믿음이 가서 찾아왔다.'라는 환자들이 많습니다."

(2) 국제 의료 NGO 활동

국경없는의사회, 월드비전 등 국제 의료 NGO와 협력하여 지속적인 봉사활동을 펼치는 것도 의미 있는 방법입니다.

기부 활동

의료 봉사와 함께, 금전적, 물질적 기부 활동도 의사의 사회 공헌과 퍼스널 브랜딩에 중요한 역할을 합니다. 기부는 직접적인 시간 투자가 어려운 바쁜 의사들에게도 사회에 이바지할 수 있는 의미 있는 방법입니다.

1. 의료 장학금 및 연구 기금 조성

의학 발전과 미래 의료인 양성을 위한 장학금이나 연구 기금 조성은 의사의 전문성과 사회적 책임감을 보여주는 의미 있는 기부 방식입니다.

2. 지역사회 발전 기금

지역사회의 발전과 복지 향상을 위한 기부는 의사와 지역 주민 간의 유대감을 강화하는 데 도움이 됩니다.

대전의 한 정형외과 의사는 지역 청소년 체육 발전 기금을 조성했습니다. "청소년들의 건강한 성장을 지원하기 위해 지역 체육회에 매년 일정 금액을 기부하고 있습니다. 이를 통해 체육 시설 개선과 저소득층 학생들의 운동 기회가 확대되었습니다."

그는 "지역 신문과 방송을 통해 기부 활동이 알려지면서 '지역사회에 환원하는 의사'라는 이미지가 형성되었고, 이는 병원에 대한 긍정적인 인식으로 이어졌다."라고 말합니다.

3. 의료 기기와 물품 기부

경제적 여건이 어려운 지역이나 기관에 의료 기기나 물품을 기부하는 것도 의미 있는 사회 공헌 활동입니다.

공익 건강강좌

공익 건강강좌는 의사의 전문 지식을 대중과 공유하는 대표적인 사회 공헌 활동입니다. 이는 지역 주민들의 건강 의식을 높이고, 동시에 의사의 전문성과 소통 능력을 보여주는 효과적인 방법입니다.

1. 지역 주민 대상 건강강좌

지역 주민들을 대상으로 한 건강강좌는 의사의 전문성을 지역사회와 공유하는 가장 직접적인 방법입니다.

2. 학교 건강 교육

어린이와 청소년들을 대상으로 한 학교 건강 교육은 미래 세대의 건강 의식을 높이는 중요한 활동입니다.

3. 특수 계층 대상 건강 교육

노인, 장애인, 다문화 가정 등 특수 계층을 대상으로 한 맞춤형 건강 교육은 사회적 약자에 대한 배려와 전문성을 동시에 보여주는 활동입니다.

지역사회 건강 증진 프로그램

지역사회의 전반적인 건강 수준을 높이기 위한 다양한 프로그램은 의사의 사회적 영향력을 확대하고, 긍정적인 이미지를 구축하는 데 도움이 됩니다.

1. 건강 걷기 대회 및 마라톤

신체 활동을 장려하는 건강 걷기 대회나 마라톤 행사는 지역 주민들의 건강 증진과 커뮤니티 형성에 이바지합니다.

2. 건강검진 캠페인

무료 또는 저비용 건강검진 캠페인은 질병의 조기 발견과 예방에 도움을 주는 중요한 공헌 활동입니다.

3. 건강 생활 캠페인

금연, 절주, 영양 개선 등 건강한 생활 습관을 장려하는 캠페인은 예방의학적 접근을 통해 지역사회 건강 증진에 이바지합니다.

사회 공헌 활동의 가치

사회 공헌 활동은 단순히 선행을 베푸는 것 이상의 가치를 가집니다. 특히 병원 경영 측면에서 살펴보면, 사회 공헌 활동은 다양한 긍정적 영향을 미치며 장기적인 성장과 발전에 이바지합니다.

1. 병원 이미지 및 브랜드 가치 향상

사회 공헌 활동은 병원과 의사에 대한 공공 이미지를 크게 향상시킵니다. 서울의 한 안과 의사는 "저소득층 노인들을 위한 무료 백내장 수술 프로그램을 10년간 운영한 결과, 지역사회에서 '신뢰할 수 있는 안과'라는 평판이 형성되었다."라고 말합니다. 이러한 긍정적 이미지는 환자들이 병원을 선택할 때 중요한 요소로 작용합니다.

또한, 사회 공헌 활동은 병원의 브랜드 가치를 높이는 데 이바지합니다. 부산의 한 정형외과 병원장은 "장애인을 위한 무료 재활

프로그램을 운영한 후, 병원의 인지도와 평판이 크게 향상되었고, 이는 병원 브랜드 가치 상승으로 이어졌다."라고 전합니다.

2. 환자 충성도 및 재방문율 증가

사회적 책임을 다하는 병원에 대한 환자들의 충성도는 더 높게 나타납니다. 대구의 한 내과 의사는 "지역 커뮤니티 건강 증진 프로그램을 운영한 이후, 환자들의 재방문율이 증가했다."라고 말합니다. 환자들은 자신이 이용하는 병원이 사회에 긍정적인 영향을 미친다는 사실에 자부심을 느끼고, 이는 병원에 대한 충성도로 이어집니다.

3. 새로운 환자 유입 증대

사회 공헌 활동은 새로운 환자 유입에도 긍정적인 영향을 미칩니다. 광주의 한 소아청소년과 의사는 "지역 초등학교에서 진행한 건강 교육 프로그램 이후, '선생님 이야기를 듣고 찾아왔다.'라는 학부모들이 많이 증가했다."라고 말합니다. 의료 봉사나 건강강좌 등을 통해 의사의 전문성과 인간미를 직접 경험한 사람들은 자연스럽게 환자로 전환되는 경우가 많습니다.

또한, 사회 공헌 활동은 입소문 효과를 통해 더 넓은 범위의 환자들에게 병원을 알릴 수 있습니다. 대전의 한 치과 의사는 "소외계층 아동들을 위한 무료 구강 검진 프로그램이 지역 신문에 보도된 후, 신규 환자 문의가 증가했다."라고 전합니다.

4. 지역사회와의 관계 강화

병원은 지역사회의 중요한 구성원으로서, 지역과의 긍정적인 관계 구축이 중요합니다. 사회 공헌 활동은 지역사회와의 유대를 강화하고, 병원이 지역 발전에 이바지하는 기관으로 인식되도록 돕습니다.

전주의 한 병원장은 "지역 축제에 건강 부스를 운영하고, 지역 체육대회를 후원하는 등의 활동을 통해 지역 주민들과의 유대감이 크게 향상되었다."라고 말합니다. 이러한 유대감은 지역 내 의료기관 선택 시 중요한 요소로 작용합니다.

5. 경제적 효과 및 지속 가능한 성장

장기적 관점에서 사회 공헌 활동은 병원의 경제적 성과에도 긍정적인 영향을 미칩니다. 직접적인 마케팅 비용보다 효율적으로 병원의 인지도와 신뢰도를 높일 수 있으며, 이는 궁극적으로 환자 증가와 수익 향상으로 이어집니다.

사회 공헌 활동은 병원, 환자, 지역사회 모두에게 혜택을 제공하는 선순환 구조를 창출합니다. 병원은 긍정적인 이미지와 신뢰를 바탕으로 더 많은 환자를 유치하고, 환자는 질 높은 의료 서비스와 추가적인 사회적 가치를 받으며, 지역사회는 건강 수준 향상과 발전의 기회를 얻게 됩니다.

의료인의 퍼스널 브랜딩 전략으로서 사회 공헌 활동은 단순한 마케팅 수단을 넘어, 의사 본연의 사명인 '사회 건강 증진'을 실현하는 의미 있는 방법입니다. 진정성 있는 사회 공헌 활동을 통해 의사는 전문성과 인간미를 동시에 보여주며, 환자와 지역사회의 신뢰를 얻고, 이는 병원의 지속적인 성장과 발전으로 이어질 것입니다.

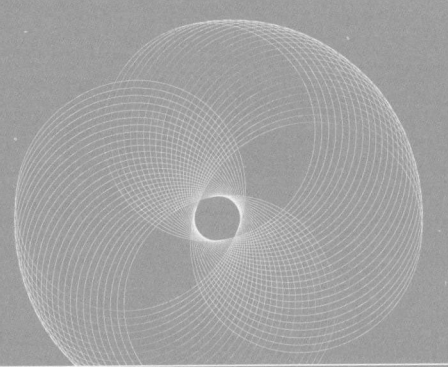

제5장

의사의 컬러: 시각적으로 각인시켜라

DOCTOR MARKETING

시각을 사로잡는 병원의 컬러

병원 환경에서 컬러는 단순한 장식이 아닌 의료기관의 정체성과 환자 경험에 큰 영향을 미치는 중요한 요소입니다. 적절한 색채 선택은 환자의 신뢰를 얻고 심리적 안정감을 제공하는 동시에, 의사의 브랜드 이미지를 강화하는 데 결정적 역할을 합니다.

병원을 방문하는 환자들은 대부분 불안하고 취약한 상태입니다. 이런 상황에서 병원의 시각적 환경은 환자의 첫인상과 전반적인 경험에 지대한 영향을 미칩니다. 컬러는 환자가 무의식적으로 인지하는 첫 번째 요소 중 하나로, 병원에 대한 신뢰도와 전문성 인식에 직결됩니다.

연구에 따르면 색채는 인간의 감정과 생리적 반응에 직접적인 영향을 미칩니다. 예를 들어, 특정 색상은 혈압을 낮추고 스트레스를 감소시키는 반면, 다른 색상은 에너지와 활력을 불러일으킬 수 있습니다. 병원 환경에서 이러한 색채 심리학을 이해하고 적용하는 것은 환자의 심리적 안정과 회복을 돕는 치유 환경 조성에 필수적입니다.

병원을 상징하는 컬러에서 가장 많이 찾아볼 수 있는 것은 블루와 그린 계열입니다. 병원에서 블루와 그린 계열 색상이 압도적으로 많이 사용되는 데는 과학적, 심리적 근거가 있습니다.

블루는 신뢰와 전문성을 상징하며, 심리적으로 진정 효과가 있어 불안감을 줄이는 데 효과적입니다. 특히 밝은 청색 계열은 청결함과 안전을 연상시키며, 환자에게 의료 서비스의 신뢰성을 전달합니다. 또한, 블루는 혈압과 맥박을 낮추는 효과가 있어 긴장된 환자들에게 심리적 안정감을 제공합니다.

그린은 자연과 생명력을 상징하며, 회복과 재생을 암시합니다. 병원 환경에서 그린은 휴식과 균형감을 제공하며, 눈의 피로를 줄이는 효과가 있습니다. 특히 수술실에서는 의사들이 오랜 시간 붉은색(**혈액**)을 보며 작업한 후, 보색인 초록색을 바라봄으로써 눈의 피로를 해소할 수 있으므로 그린 컬러가 많이 사용됩니다.

이 두 색상은 공통으로 차분하고 안정적인 분위기를 조성하여 환자의 회복을 돕는 심리적 환경을 만들어 줍니다.

흥미롭게도 진료과의 특성에 따라 효과적인, 혹은 관례로 많이 사용되는 컬러 전략이 달라집니다.

- 소아청소년과: 밝고 다채로운 색상, 특히 노랑, 주황, 푸른색 등이 많이 사용됩니다. 이는 어린이들에게 친근함과 즐거움을 주어 병원

에 대한 두려움을 줄이는 데 도움이 됩니다. 캐릭터와 결합한 색깔이 다양한 실내장식은 어린이 환자들의 주의를 분산시키고 안정감을 주는 효과가 있습니다.

- 산부인과: 부드러운 파스텔 색조의 핑크, 라벤더, 연한 블루 등이 선호됩니다. 이러한 색상은 여성성, 부드러움, 새 생명의 탄생을 연상시키며 편안하고 따뜻한 분위기를 조성합니다.
- 정형외과: 활동성과 활력을 상징하는 오렌지나 빨간색 포인트를 사용하는 경우가 많습니다. 이는 재활과 회복의 의지를 북돋우는 심리적 효과가 있습니다.
- 정신건강의학과: 차분한 블루, 그린, 베이지 등 중립적이고 안정감 있는 색상을 주로 사용합니다. 이는 심리적 안정과 평온함을 유도하여 환자의 불안을 완화하는 데 도움이 됩니다.
- 피부과/성형외과: 화이트, 베이지, 골드 등 고급스럽고 깨끗한 이미지의 색상이 많이 사용됩니다. 이는 청결함과 미적 감각을 강조하며, 럭셔리한 뷰티 케어 이미지를 구축하는 데 효과적입니다.

이렇게 진료과를 쉽게 떠올릴 수 있는 컬러는 사실 흔한 느낌이 있어서 최근에는 전통적인 의료 환경의 색채 관습을 벗어나 독특한 컬러로 환자들에게 병원을 각인시키기도 합니다.

서울의 모 치과는 기존 치과의 화이트, 블루 컬러를 과감히 버리고 블랙을 주요 색상으로 도입했습니다. 외부 간판부터 내부 인테리어까지 모던한 블랙 컬러로 통일함으로써 세련되고 고급스러운 이미지를 구축했습니다. 이 과감한 선택은 MZ세대 환자들 사이에서 큰 호응을 얻어 SNS에서 화제가 되었고, 개원 6개월 만에 지역 내 인지도 1위 치과로 자리매김했습니다.

대구의 모 한의원은 기존 한의원의 전통적인 갈색, 녹색 이미지를 탈피하고 밝은 코랄핑크를 브랜드 컬러로 정립했습니다. 이를 간판, 의사 가운, 처방전, SNS 디자인 등에 일관되게 적용했으며, 특히 이삼십 대 여성 고객층을 표적으로 한 마케팅에서 큰 성공을 거두었습니다. 진입장벽이 높게 느껴지던 한의학을 친근하고 현대적인 이미지로 재해석하는 데 성공한 사례입니다.

경기도의 한 소아청소년과는 천장에 밝은 색상의 모빌과 별자리를 설치하고, 진료실마다 다른 테마 컬러와 캐릭터를 적용했습니다. 이러한 시각적 자극은 어린이 환자들의 공포심을 줄이고 병원 방문을 긍정적인 경험으로 변화시켰습니다.

서울 강남의 한 성형외과는 전통적인 병원 이미지를 완전히 탈피하고 고급 호텔을 연상시키는 다크브라운과 골드 컬러를 주요 색상으로 선택했습니다. 이를 통해 의료기관이 아닌 프리미엄 뷰티 서비스를 제공하는 공간이라는 이미지를 성공적으로 구축했으며, 특히 해외 환자 유치에 큰 성과를 거두었습니다.

이러한 사례들은 전통적인 병원 컬러 관념에서 벗어나 과감한 시도를 통해 차별화된 브랜드 이미지를 구축하고, 결과적으로 마케팅 효과를 극대화한 예입니다. 중요한 점은 단순히 트렌디한 색상을 따라가는 것이 아니라, 의사 개인의 철학과 병원의 핵심 가치를 반영한 일관된 컬러 전략을 수립하는 것입니다.

병원의 컬러 선택은 단순한 미적 요소가 아닌 환자와의 소통, 의사의 브랜드 이미지 구축, 그리고 치유 환경 조성에 결정적인 역할을 합니다. 의사 개인의 퍼스널 브랜딩과 일관성 있게 연결된 컬러 전략은 환자에게 더 깊은 인상을 남기고, 궁극적으로 환자와의 신뢰 관계 구축에 이바지할 것입니다.

로고, 슬로건, 디자인: 미리캔버스, 캔바, 망고보드

병원의 시각적 정체성을 확립하는 데 있어 로고와 CI(Corporate Identity)는 가장 핵심적인 요소입니다. 환자들이 병원을 인식하고 기억하는 첫 번째 시각적 접점으로, 의사의 전문성과 병원의 철학을 함축적으로 표현합니다.

로고와 CI는 단순한 디자인 요소를 넘어 다음과 같은 중요한 역할을 합니다.

- 첫인상 형성: 환자가 병원을 처음 접할 때 로고는 병원의 전문성과 신뢰도를 즉각적으로 전달합니다.
- 차별화: 경쟁이 치열한 의료 시장에서 독특하고 기억에 남는 로고는 다른 병원과의 차별점을 만듭니다.
- 브랜드 일관성: 모든 커뮤니케이션 채널(간판, 명함, 처방전, 웹사이트, SNS 등)에서 일관된 시각적 요소를 유지하여 브랜드 인지도를 강화합니다.
- 신뢰 구축: 전문적이고 세련된 CI는 환자에게 병원의 품질과 신뢰성

- 에 대한 긍정적인 인식을 심어줍니다.
- 내부 결속력: 직원들에게 소속감과 공동의 목표를 제공하여 조직 문화를 강화합니다.

로고와 CI 디자인은 전문 디자인 회사에 의뢰하는 것이 일반적이지만, 비용과 시간을 효율적으로 관리할 수 있는 디자인 경매 플랫폼도 좋은 대안이 될 수 있습니다. 디자인서커스, 라우드소싱이 대표적인 사이트인데요. 사이트별 특징은 아래와 같습니다.

1. 디자인서커스(https://www.designcircus.co.kr/)

디자인서커스는 국내 최대 규모의 디자인 경매 사이트로, 다음과 같은 특징이 있습니다.

- 다양한 디자이너 참여: 약 5만 명의 전문 디자이너가 등록되어 있어 다양한 스타일의 디자인을 접할 수 있습니다.
- 경쟁 방식: 의뢰인이 원하는 디자인 콘셉트와 예산을 제시하면 여러 디자이너가 경쟁적으로 시안을 제출합니다.
- 비용 효율성: 일반 디자인 에이전시보다 저렴한 비용으로 다양한 디자인 안을 받아 볼 수 있습니다.
- 의료 분야 경험: 병원, 의원 로고 디자인에 특화된 포트폴리오를 가진 디자이너들이 많이 활동하고 있습니다.

2. 라우드소싱(https://www.loud.kr/)

28만 명의 디자이너가 참여하고 있는 라우드소싱도 디자인서커스와 마찬가지로 경매 형식을 취하고 있는 플랫폼입니다.

- 경쟁 방식: 디자인 콘테스트로 평균 23개 정도의 시안을 받아보고 마음에 드는 디자인을 고르는 방식입니다. 요청서 한 번으로 무료 견적서를 받아 볼 수 있습니다.
- 패키지 서비스: 로고뿐만 아니라 명함, 레터헤드, 간판 디자인 등을 포함한 패키지 서비스를 제공합니다.

이렇게 제작한 로고와 CI는 관리가 매우 중요합니다. 파일을 잘 보관하는 것도 중요하지만, 컬러 코드 관리가 제일 중요합니다. 로고와 CI 디자인 과정에서 컬러 코드를 명확히 관리하는 것은 추후 모든 브랜드 애플리케이션에서 일관된 색상을 유지하기 위해 필수적입니다.

> **│ 기록해야 할 컬러 정보**
>
> - 팬톤 컬러(Pantone): 인쇄 산업의 표준 컬러 시스템으로, 전 세계적으로 같은 색상 재현이 가능합니다. 간판, 실내 인테리어 작업 시 정확한 색상 일치를 위해 반드시 기록해야 합니다.
> - CMYK: 청록색(Cyan), 자홍색(Magenta), 노란색(Yellow), 검은색(Key/Black)의 4가지 잉크를 사용하는 인쇄용 색상 모델입니다. 병원 브로슈어, 명함, 처방전 등 인쇄물 제작 시 필요합니다.
> - RGB: Red, Green, Blue 색상 모델로, 웹사이트, 디지털 디스플레이, SNS 등 화면에 표시되는 모든 디지털 콘텐츠에 사용됩니다.
> - HEX 코드: 웹 디자인에서 주로 사용되는 6자리 코드로, 웹사이트나 디지털 마케팅 자료 제작 시 필요합니다.

이러한 컬러 코드는 병원 CI 가이드북에 명확히 기록하고, 모든 디자인 작업자와 공유해야 합니다. 이는 간판 제작업체, 인테리어 시공사, 인쇄소, 웹디자이너 등 다양한 협력업체와 작업할 때 일관된 브랜드 색상을 유지하는 데 핵심적입니다.

로고와 CI가 확정된 후에는 이를 활용한 다양한 마케팅 자료를 제작해야 합니다. 이때 미리캔버스, 망고보드, 캔바와 같은 온라인 디자인 플랫폼이 유용하게 활용될 수 있습니다.

미리캔버스: 초보자에게 최적화된 플랫폼

미리캔버스는 디자인 경험이 적은 의료진이나 직원도 쉽게 활용할 수 있는 플랫폼입니다. 특히 다음과 같은 장점이 있습니다.

- 의료 특화 템플릿: 병원용 문서양식(초진 환자 설문지, 접수증, 안내문 등)의 템플릿이 풍부합니다.
- 한의학 관련 이미지: 한의원, 한방병원을 위한 아이콘과 일러스트가 특히 잘 갖춰져 있습니다.
- 인쇄 서비스 연동: 비즈하우스와의 연동으로 디자인 완료 후 바로 인쇄까지 원스톱으로 가능합니다.
- 판촉물 템플릿: 병원 홍보용 부채, 달력, 티켓 등 다양한 판촉물 디자인 템플릿을 제공합니다.

병원 로고와 CI 컬러를 미리캔버스에 적용할 때는, 템플릿의 주요 색상을 병원 CI 컬러로 변경하고, 로고를 적절한 위치에 배치하여 브랜드 일관성을 유지하는 것이 중요합니다.

망고보드: 영상 콘텐츠 제작에 강점

망고보드는 특히 동영상 콘텐츠 제작에 강점을 가진 플랫폼으로, 미리캔버스에도 많은 동영상 템플릿이 추가되고 있지만 모션 그래픽 쪽에서는 기성 광고 수준의 톡톡 튀는 템플릿이 많은 것이 특징입니다.

- 원내 TV용 영상 제작: 대기실 TV나 디지털 사이니지에 표시할 영상을 손쉽게 제작할 수 있습니다.
- 정밀한 누끼 기능: 배경 제거 기능이 뛰어나 의료 기기나 치료 사진 등을 깔끔하게 활용할 수 있습니다.
- 웹툰형 서비스: 환자 교육이나 치료 과정 설명에 만화적 요소를 활용할 수 있습니다.
- 모션 그래픽: 간단한 애니메이션 효과로 치료 과정이나 의학 정보를 시각적으로 설명할 수 있습니다.

병원 CI를 망고보드에 적용할 때는, 영상 인트로와 아웃트로에 로고를 일관되게 배치하고, 하단 자막이나 화면 구성 요소에 CI 컬러를 적용하여 브랜드 인지도를 강화할 수 있습니다.

캔바: 세련된 디자인을 위한 글로벌 플랫폼

캔바는 세계적으로 인정받는 디자인 플랫폼으로, 다음과 같은 장점이 있습니다.

- 세련된 템플릿: 국제적 감각의 세련된 디자인 템플릿을 제공합니다.
- 다양한 기능: 디자인뿐 아니라 동영상 편집, PDF 편집, 온라인 화이트보드 등 다양한 기능을 제공합니다.
- 모바일 접근성: 모바일 앱을 통해 언제 어디서나 디자인 작업이 가능합니다.
- 팀 협업 기능: 여러 직원이 함께 디자인 작업을 진행할 수 있는 협업 기능을 제공합니다.

캔바에서 병원 CI를 적용할 때는, 브랜드 키트 기능을 활용하여 병원 로고, 컬러 팔레트, 폰트 등을 사전 설정해 두면 모든 디자인 작업에서 일관된 브랜드 요소를 쉽게 적용할 수 있습니다.

> **효과적인 로고와 CI 관리를 위한 팁**

- CI 가이드북 제작: 로고 사용 규칙, 컬러 코드, 폰트, 적용 예시 등을 담은 가이드북을 제작하여 모든 협력업체와 공유합니다.
- 디지털 에셋 관리: 로고의 다양한 버전(가로형, 세로형, 심벌만 있는 형태 등)과 여러 파일 형식(AI, EPS, PNG, JPG 등)을 체계적으로 관리합니다.
- 템플릿 사전 제작: 자주 사용하는 문서나 홍보물의 템플릿을 미리 제작해 두면 일관된 브랜드 이미지를 유지하면서 효율적으로 작업할 수 있습니다.
- 직원 교육: 병원 스태프에게 CI의 중요성과 기본적인 적용 방법을 교육하여 모든 접점에서 일관된 브랜드 경험을 제공하도록 합니다.
- 정기적인 브랜드 감사: 6개월 또는 1년마다 모든 브랜드 접점(간판, 웹사이트, SNS, 인쇄물 등)에서 CI가 일관되게 적용되고 있는지 점검합니다.

로고와 CI는 의사의 퍼스널 브랜딩과 병원의 브랜드 시각적 이미지 구축의 기초가 됩니다. 전문적으로 디자인된 로고와 일관되게 적용된 CI는 환자들에게 신뢰와 전문성을 전달하며, 경쟁이 치열한 의료 시장에서 차별화된 위치를 확보하는 데 큰 도움이 될 것입니다.

온라인 홈페이지:
시각적 요소의 종합

디지털 시대에도 병원의 얼굴이자 핵심적인 온라인 접점은 바로 '홈페이지'입니다. 과거에는 단순히 병원의 정보 제공 창구 기능에 머물렀지만, 이제는 병원의 정체성과 전문성, 그리고 환자와의 신뢰를 시각적으로 구축하는 가장 중요한 플랫폼으로 재조명받고 있습니다. 특히 최근 강화된 의료법 규제로 인해 SNS를 통한 적극적인 홍보 활동에 제약이 생기면서, 자체적인 브랜딩을 강화할 수 있는 홈페이지의 중요성은 더욱 커지고 있습니다.

온라인 홈페이지는 병원의 로고, CI 등 시각적 요소와 병원이 추구하는 핵심 가치를 담은 캐치프레이즈 및 철학을 시각적으로 통합하여 보여줄 수 있는 유일한 공간입니다. 이는 환자에게 첫인상을 심어주고, 병원의 전문성과 신뢰도를 높이는 데 결정적인 역할을 합니다. 잘 디자인된 홈페이지는 마치 병원의 온라인 쇼룸과 같아서, 잠재 환자에게 매력적인 경험을 제공하고 실제 방문으로 이어지게 하는 강력한 마케팅 도구가 될 수 있습니다.

홈페이지에서 퍼스널 브랜딩을 위해 시각적으로 중요한 요소는 다음과 같습니다.

1. 로고와 CI를 활용한 주 컬러

병원의 주 컬러는 환자들이 가장 먼저 인지하고 기억하는 요소입니다. 색상은 감정과 직결되어 의사의 전문 분야와 병원의 성격을 즉각적으로 전달합니다.

- 블루 계열: 신뢰감, 전문성, 청결함을 전달하며 정형외과, 내과 등에 적합
- 그린 계열: 자연, 치유, 안정감을 주어 한의원, 재활의학과에 효과적
- 화이트&그레이: 첨단 의료, 정확함을 강조하는 성형외과, 피부과에 어울림
- 파스텔 톤: 따뜻함, 친근함을 주어 소아과, 산부인과에 적합

주 컬러는 메뉴바, 버튼, 강조 텍스트 등에 일관되게 적용되어 브랜드 인지도를 높입니다.

2. 병원 철학을 담는 폰트

폰트는 단순한 글자 모양이 아닌, 병원의 성격과 의사의 전문성을 시각적으로 전달하는 중요한 요소입니다. 최근에는 명조, 고딕, 라운드 등 문서용 기본 서체보다 웹사이트, 광고에서 친숙한 서체를 쓰는 경향이 많습니다.

주요 폰트별 시각적 특징

폰트는 단순한 글자 모양을 넘어 병원의 아이덴티티를 시각적으로 전달하는 중요한 요소입니다. 다음은 병원 홈페이지에 효과적으로 활용할 수 있는 추천 폰트들입니다.

- **나눔 고딕**
  - 특징: 깔끔하고 모던한 인상, 우수한 가독성
  - 장점: 다양한 굵기(Light, Regular, Bold, Extra Bold) 제공, 디지털 환경에 최적화
  - 적합한 분야: 현대적인 이미지의 종합병원, 성형외과, 피부과
  - 활용 팁: 메인 메뉴와 진료 안내 같은 핵심 정보 전달에 적합

- **맑은 고딕**
  - 특징: Windows 기본 폰트로 익숙함, 뛰어난 화면 가독성
  - 장점: 고품질의 디지털 가독성, 다양한 스타일과 굵기
  - 적합한 분야: 정형외과, 신경외과 등 정확성을 필요로 하는 전문 클리닉
  - 활용 팁: 진료 설명이나 의학 정보 같은 본문 텍스트에 효과적

- **아리따체**
  - 특징: 부드럽고 감성적인 디자인, 친근한 인상
  - 장점: 독특한 스타일로 차별화된 브랜드 이미지 구축 가능
  - 적합한 분야: 한의원, 산부인과, 소아청소년과 등 따뜻한 이미지가 필요한 분야
  - 활용 팁: 환자 후기나 의사 인사말 등 감성적인 콘텐츠에 적합

- **티몬스탠다드**
  - 특징: 친근하고 현대적인 디자인
  - 장점: 간결함과 접근성이 뛰어나 정보 전달에 효과적
  - 적합한 분야: 가정의학과, 건강검진센터 등 대중적인 의료 서비스

– 활용 팁: 진료 시간, 예약 안내 등 실용적 정보에 활용하기 좋음

- 배민체
    - 특징: 개성 있고 독특한 디자인
    - 장점: 차별화된 브랜드 이미지 구축에 효과적
    - 적합한 분야: 치과, 소아청소년과 등 친근한 이미지를 강조하고 싶은 분야
    - 활용 팁: 캠페인 문구, 슬로건 등 포인트가 필요한 부분에 제한적으로 사용

폰트 활용의 실용적 조언

- 최대 2~3가지 폰트로 제한: 너무 많은 폰트 사용은 산만한 인상을 줍니다.
- 계층구조 구축: 제목에는 특징적인 폰트, 본문에는 가독성 높은 폰트 사용
- 일관성 유지: 모든 페이지에 같은 폰트 시스템 적용
- 웹 최적화: 웹 폰트로 제공되는 폰트를 선택해 로딩 시간 최적화
- 크로스 브라우징 고려: 모든 기기와 브라우저에서 일관되게 표시되는지 확인

폰트를 통해 병원의 철학과 가치를 시각적으로 전달하여 환자들에게 일관된 브랜드 경험을 제공하는 것이 중요합니다.

3. 병원과 의료진을 보여주는 사진

사진은 병원 홈페이지에서 가장 강력한 시각적 소통 도구입니다. 단순한 기록이 아닌, 의사의 전문성과 병원의 분위기를 효과적으로 전달합니다.

병원에서 가장 많이 사용되는 사진의 요소는 크게 의사, 인테리어, 외관이 있습니다. 모든 사진은 같은 색감과 톤으로 처리하는 것이 중요하며, 시각적 통일성을 확보해야 합니다. 퍼스널 마케팅의 대상이 되는 의사가 있다면 환자와 대화를 나누거나 방송에서 보이는 친근한 이미지를 홈페이지에서도 동시에 확인할 수 있는 것이 중요합니다.

- 의사 포트레이트: 환자와 눈을 마주치는 정면 사진은 신뢰감을 형성하며, 미소를 담은 표정은 친근함을 더합니다. 흰 가운보다 정장이나 격식 없는 복장이 개성을 더 잘 표현합니다.
- 병원 인테리어: 대기실, 진료실, 특수 치료실 등의 공간은 로고와 주 컬러와 일치하는 톤으로 촬영하여 브랜드 일관성을 유지해야 합니다.
- 건물 외관: 첫인상을 결정하는 외관 사진은 병원의 규모와 위치를 효과적으로 보여주되, 주변 환경과의 조화도 함께 담아내는 것이 좋습니다.

홈페이지 사진의 최신 트렌드는 몰입형 비주얼 경험인데요. 홈페이지 메인에 드론 촬영과 영상을 넣어 동적인 시각 요소를 넣는 것입니다. 드론 항공 촬영으로 병원 건물과 주변 환경을 한눈에 보여주어 접근성과 규모감을 효과적으로 전달할 수도 있고요. 병원 내부를 천천히 둘러보게 하는 영상은 방문 전 환자의 호기심을 자극하고, 미리 가본 것처럼 편안함을 유도하기도 합니다. 또는 최신 의료 장비를 보여주어 병원의 첨단 의료 역량을 강조하거나 내원에서 치료까지의 과정을 압축해서 보여주는 영상은 환자의 여정을 이해하는 데 도움을 줍니다.

이러한 동적 요소는 특히 홈페이지 첫 화면에 배치하여 방문자의 시선을 즉각적으로 사로잡고 체류 시간을 늘리는 데 효과적입니다.

의사의 이미지를 업그레이드하는 컬러

의사의 개인 이미지와 병원 공간의 조화는 환자에게 일관된 브랜드 경험을 제공하는 데 중요합니다. 컬러는 감정과 인식에 직접적인 영향을 미치는 강력한 도구로, 의사 개인의 이미지를 향상하는 데 결정적 역할을 합니다. 아래에서는 다양한 컬러가 가진 이미지적 특성과 의사 이미지에 미치는 영향을 살펴보겠습니다.

컬러의 심리적 영향과 이미지 효과

블루(blue)
- 이미지적 느낌: 신뢰성, 전문성, 안정감, 차분함, 지성
- 의사 이미지에 미치는 영향: 네이비나 로열블루 계열의 의상은 의사에게 권위와 전문성을 부여합니다. 특히 내과, 신경과 등 정확성과 신중함이 요구되는 진료과 의사에게 적합합니다.
- 활용 팁: 진한 블루 계열 정장이나 셔츠는 환자에게 신뢰감을 주며, 연한 블루는 친근함과 함께 청결한 이미지를 강조합니다.

화이트(white)

- 이미지적 느낌: 청결, 순수, 정확성, 깨끗함, 완벽주의
- 의사 이미지에 미치는 영향: 전통적인 의사 가운 색상으로, 위생과 전문성을 상징합니다. 하지만 단독으로는 차갑고 거리감이 느껴질 수 있습니다.
- 활용 팁: 다른 색상과 조합하여 사용하면 더 균형 잡힌 이미지를 만들 수 있습니다. 화이트 코트에 파스텔 셔츠나 액세서리로 포인트를 주는 방식이 효과적입니다.

그린(green)

- 이미지적 느낌: 치유, 성장, 안정, 자연, 균형, 조화
- 의사 이미지에 미치는 영향: 생명과 성장을 상징하여 특히 가정의학과, 재활의학과 등에서 효과적입니다. 환자에게 희망과 회복의 메시지를 전달합니다.
- 활용 팁: 중간 톤의 그린은 차분하면서도 생동감 있는 이미지를 주며, 넥타이나 스카프 등의 액세서리로 활용하기 좋습니다.

그레이(gray)

- 이미지적 느낌: 중립성, 안정감, 균형, 성숙함, 지성
- 의사 이미지에 미치는 영향: 중립적이고 세련된 이미지를 제공하며, 다른 색상과의 조화가 뛰어납니다. 특히 정신건강의학과나 상담 중심의 진료과에 적합합니다.
- 활용 팁: 차콜그레이 정장은 전문성과 세련미를 동시에 표현하며, 다양한 악센트 색상과 쉽게 조합됩니다.

버건디/와인(burgundy/wine)

- 이미지적 느낌: 권위, 지혜, 성숙함, 품격, 따뜻함
- 의사 이미지에 미치는 영향: 품위 있고 신뢰감 있는 이미지를 구축합니다. 풍부한 경험과 전문성을 갖춘 중견 의사에게 특히 잘 어울립니다.
- 활용 팁: 넥타이, 스카프, 블라우스 등으로 활용하면 차분하면서도 존재감 있는 이미지를 만들 수 있습니다.

퍼플(purple)

- 이미지적 느낌: 지혜, 창의성, 신비로움, 고급스러움, 독창성
- 의사 이미지에 미치는 영향: 전통적 의학과 대체의학을 접목하는 의사나, 정신과, 심리 상담 분야에서 창의적 접근을 하는 의사에게 적합합니다.
- 활용 팁: 라벤더나 연한 퍼플은 부드러움과 공감 능력을, 진한 퍼플은 전문성과 독창성을 강조합니다.

핑크(pink)

- 이미지적 느낌: 따뜻함, 배려, 부드러움, 친근함, 감성적 지능
- 의사 이미지에 미치는 영향: 환자 중심의 소통과 공감 능력을 강조합니다. 소아청소년과, 산부인과, 가정의학과 등에서 환자와의 신뢰감 형성에 도움이 됩니다.
- 활용 팁: 밝은 핑크보다는 연한 블러쉬핑크나 코랄 톤이 전문성을 유지하면서도 따뜻한 이미지를 줍니다.

브라운(brown)

- 이미지적 느낌: 안정감, 신뢰성, 실용성, 따뜻함, 자연스러움
- 의사 이미지에 미치는 영향: 안정적이고 신뢰할 수 있는 이미지를 전달합니다. 가정의학과, 노인의학, 한의학 등 환자와의 장기적 관계가 중요한 분야에 적합합니다.
- 활용 팁: 브라운 톤의 정장이나 재킷은 편안하면서도 전문적인 인상을 줍니다. 특히 자연주의적 치료 접근법을 강조하는 의사에게 효과적입니다.

옐로(Yellow)

- 이미지적 느낌: 낙관성, 활력, 창의성, 친근함, 긍정적 에너지
- 의사 이미지에 미치는 영향: 밝고 긍정적인 에너지를 전달하며, 특히 소아청소년과 재활의학과 등에서 환자의 사기를 북돋울 수 있습니다.
- 활용 팁: 강한 옐로보다는 파스텔이나 머스터드 톤을 액세서리나 디테일로 사용하는 것이 전문성을 유지하면서도 따뜻함을 더할 수 있습니다.

오렌지(orange)

- 이미지적 느낌: 활기, 열정, 친근함, 따뜻함, 창의성
- 의사 이미지에 미치는 영향: 에너지와 열정을 표현하며, 소아청소년과, 스포츠의학, 재활의학 등 활동적인 분야에 적합합니다.
- 활용 팁: 강한 오렌지는 자제하고 테라코타나 피치 톤으로 포인트를 주는 것이 효과적입니다.

레드(red)

- 이미지적 느낌: 자신감, 열정, 강렬함, 결단력, 에너지
- 의사 이미지에 미치는 영향: 리더십과 결단력을 강조하며, 외과 등 정확한 판단과 결정이 중요한 분야에 적합할 수 있습니다. 그러나 너무 강한 레드는 공격적으로 느껴질 수 있어 주의가 필요합니다.
- 활용 팁: 전체 의상보다는 넥타이, 스카프, 립스틱 등으로 포인트를 주는 것이 효과적입니다.

의사 개인의 색채 선택과 병원 공간의 색채가 조화를 이루면 일관된 브랜드 경험을 제공할 수 있습니다. 다음은 효과적인 조화를 위한 전략입니다.

- 보완적 조화: 병원이 차분한 블루 톤으로 디자인되어 있다면, 의사는 같은 색상 계열이나 보완색을 의상에 적용하여 통일감을 줄 수 있습니다.
- 대비를 통한 주목성: 병원 인테리어가 중성적인 색상(화이트, 그레이 등)이라면, 의사는 더욱 선명한 색상으로 포인트를 주어 시각적 주목도를 높일 수 있습니다.
- 브랜드 컬러 일관성: 병원의 브랜드 컬러를 의사의 액세서리나 의상의 일부로 활용하면 병원과 의사 개인의 브랜드가 시각적으로 연결됩니다.
- 진료과 특성 반영: 진료과의 특성과 타깃 환자층을 고려한 색채 선택이 중요합니다. 예를 들어, 소아청소년과는 밝고 친근한 색상, 성형외과는 세련되고 고급스러운 색상이 적합합니다.

의사의 이미지를 업그레이드하는 컬러 전략은 단순히 유행을 따르는 색상을 선택하는 것이 아니라, 자신의 개성과 전문 분야, 그리고 병원의 브랜드 아이덴티티를 고려한 전략적 접근이 필요합니다. 적절한 컬러 선택은 의사 개인의 신뢰도와 전문성을 시각적으로 강화하고, 환자와의 효과적인 관계 구축에 이바지합니다. 다음 챕터에서 다룰 퍼스널 컬러는 이러한 컬러 전략을 더욱 개인화하고 최적화하는 방법을 제시할 것입니다.

나와 맞는 컬러 찾기: 퍼스널 컬러

의사의 퍼스널 브랜딩에서 시각적 요소는 생각보다 강력한 영향력을 발휘합니다. 특히 컬러는 환자들이 무의식적으로 의사에 대한 첫인상을 형성하는 데 결정적인 역할을 합니다. 저는 패션이나 디자인을 전공하지는 않았지만, 수많은 의사분의 영상 촬영과 방송 출연을 지원하면서 의상과 메이크업이 전체적인 이미지에 얼마나 큰 영향을 미치는지 직접 경험했습니다.

종종 뛰어난 실력과 인성을 갖춘 의사분들이 본인과 맞지 않는 색상의 옷을 입었을 때 전체적인 인상이 칙칙해 보이거나, 피부 톤과 조화되지 않는 헤어 컬러로 인해 전문성이 저하되는 안타까운 사례들을 목격했습니다. 주먹구구식으로 조언하는 것보다 체계적인 지식을 갖추고자 퍼스널 컬러 진단 자격증을 취득하게 되었습니다.

이 자리를 빌려 말씀드리고 싶은 것은, 이 책에서 제공하는 정보는 기본적인 지침일 뿐이며, 정확하고 정밀한 퍼스널 컬러 진단은 반드시 전문가를 통해 받으시길 권장합니다.

퍼스널 컬러는 개인의 피부 톤, 눈동자 색, 머리카락 색 등 타고난 신체 색상과 조화를 이루는 색상 팔레트를 의미합니다. 1980년대 초 미국의 색채 컨설턴트인 캐롤 잭슨이 『컬러 미 뷰티풀(Color Me Beautiful)』이라는 책을 통해 대중화시켰습니다.

그녀는 웜톤과 쿨톤을 기본으로 하여 사계절 색상 시스템을 도입하여 모든 사람을 봄, 여름, 가을, 겨울 타입으로 분류했습니다. 이후 이 시스템은 더욱 세분되어 오늘날에는 일반적으로 16가지 세부 유형으로 구분됩니다. 퍼스널 컬러를 기반으로 각 개인의 고유한 색감과 조화되는 색상을 찾아내어 의상, 메이크업, 헤어스타일 등에 적용하게 되면 더욱 생기 있고 전문적인 이미지를 구축할 수 있습니다.

우선 퍼스널 컬러의 가장 기본적인 구분은 '웜톤(warm tone)'과 '쿨톤(cool tone)'입니다. 이는 피부에 깔린 기본 혈색(언더 톤)이 노란빛을 띠는지, 푸른빛을 띠는지에 따라 결정됩니다. 웜톤은 노란색, 주황색, 금색 등 따뜻한 색감이 잘 어울리는 피부 톤을 의미합니다. 반면 쿨톤은 파란색, 보라색, 은색 등 차가운 색감이 잘 어울리는 피부 톤을 말합니다. 이러한 톤은 단순히 어울리는 색상을 넘어, 사람의 전반적인 이미지 형성에 큰 영향을 미칩니다.

웜톤(warm tone)
- 특징: 피부에 노란색, 황금색, 복숭아색 기운이 돕니다.
- 어울리는 메탈: 골드, 브론즈, 로즈골드가 잘 어울립니다.

- 어울리는 색상: 오렌지, 코랄, 베이지, 카키, 브라운 등 따뜻한 계열 색상
- 피해야 할 색상: 푸른기가 강한 핑크, 퍼플, 차가운 파스텔 톤

쿨톤(cool tone)

- 특징: 피부에 푸른색, 분홍색 기운이 돕니다.
- 어울리는 메탈: 실버, 화이트골드, 플래티넘이 잘 어울립니다.
- 어울리는 색상: 블루, 퍼플, 로즈핑크, 버건디, 그레이 등 차가운 계열 색상
- 피해야 할 색상: 노란 기가 강한 오렌지, 갈색, 캐멀 톤

웜톤(warm tone)의 이미지

웜톤은 일반적으로 다음과 같은 이미지를 연상시킵니다.

- 따뜻함과 친근함: 햇살 아래 빛나는 듯한 따뜻한 색감은 부드럽고 편안한 인상을 주어 사람들에게 친근하게 다가갈 수 있는 이미지를 형성합니다.
- 밝고 활기찬 느낌: 웜톤의 색상은 생동감 있고 활기찬 에너지를 전달하여 긍정적이고 쾌활한 느낌을 줄 수 있습니다.
- 부드러움과 여성스러움(여성): 특히 봄 웜톤의 경우 화사하고 부드러운 색상이 잘 어울려 여성스러운 매력을 더욱 돋보이게 합니다.
- 편안함과 자연스러움: 가을 웜톤의 경우 차분하고 깊이 있는 색상이 잘 어울려 편안하고 자연스러운 분위기를 연출합니다.

웜톤 이미지의 의사의 장단점

(1) 장점

- 친근하고 편안한 인상: 환자들에게 부드럽고 인간적인 면모를 보여주어 심리적 거리감을 줄이고 편안하게 다가갈 수 있도록 돕습니다. 특히 소아 환자나 노인 환자에게 긍정적인 영향을 줄 수 있습니다.
- 신뢰감을 주는 따뜻함: 따뜻한 이미지는 환자들에게 안정감과 믿음을 줄 수 있습니다. 불안한 마음으로 병원을 찾은 환자들에게 긍정적인 첫인상을 심어줄 수 있습니다.
- 부드러운 소통 분위기 조성: 웜톤의 온화한 이미지는 환자와의 대화 시 편안하고 부드러운 분위기를 조성하여 더욱 원활한 소통을 가능하게 합니다.

(2) 단점

- 전문성이 다소 약하게 느껴질 수 있음: 지나치게 부드럽거나 편안한 이미지는 때로는 전문성이 부족하게 느껴질 수 있습니다. 특히 강한 신뢰성과 권위가 있어야 하는 특정 분야에서는 이러한 이미지가 단점으로 작용할 수 있습니다.
- 상황에 따라 가벼워 보일 수 있음: 밝고 활기찬 웜톤의 이미지는 때로는 진지하고 엄숙해야 할 상황에서 가벼워 보이거나 신뢰감을 떨어뜨릴 수 있습니다.

쿨톤(cool tone)의 이미지

쿨톤은 일반적으로 다음과 같은 이미지를 연상시킵니다.

- 세련됨과 도시적인 느낌: 차갑고 깨끗한 색감은 시크하고 세련된 인

상을 주어 도시적이고 프로페셔널한 느낌을 강조합니다.
- 지적이고 냉철한 분위기: 쿨톤의 색상은 차분하고 이성적인 분위기를 전달하여 지적이고 냉철한 이미지를 형성합니다.
- 깨끗하고 청량한 느낌(여름): 특히 여름 쿨톤의 경우 맑고 부드러운 색상이 잘 어울려 깨끗하고 청량한 이미지를 선사합니다.
- 강렬하고 카리스마 있는 느낌(겨울): 겨울 쿨톤의 경우 선명하고 대비되는 색상이 잘 어울려 강렬하고 카리스마 있는 인상을 줄 수 있습니다.

쿨톤 이미지 의사의 장단점

(1) 장점

- 높은 전문성과 신뢰감: 차갑고 이지적인 이미지는 환자들에게 전문적이고 냉철한 인상을 주어 높은 신뢰감을 형성하는 데 유리합니다. 특히 전문적인 지식과 기술이 중요하게 여겨지는 분야에서 강점으로 작용할 수 있습니다.
- 침착하고 냉정한 판단력: 쿨톤의 차분한 이미지는 의사가 위급한 상황에서 침착하고 냉정한 판단력을 발휘할 것이라는 인상을 줄 수 있습니다.
- 세련되고 프로페셔널한 인상: 깔끔하고 도시적인 이미지는 의사를 더욱 전문적이고 능력 있어 보이게 합니다.

(2) 단점

- 차가워 보이거나 거리감이 느껴질 수 있음: 지나치게 차갑거나 세련된 이미지는 환자들에게 거리감을 느끼게 하고 다가가기 어렵게 만

들 수 있습니다. 특히 환자와의 친밀한 소통과 공감이 중요한 진료과에서는 단점으로 작용할 수 있습니다.

– 딱딱하고 권위적으로 보일 수 있음: 쿨톤의 냉철한 이미지는 때로는 딱딱하거나 권위적으로 비쳐 환자들이 편안하게 의견을 표현하기 어려울 수 있습니다.

– 상황에 따라 융통성이 없어 보일 수 있음: 쿨톤의 이성적인 이미지는 때로는 융통성이 부족하거나 인간적인 공감이 부족해 보일 수 있습니다.

퍼스널 컬러, 더 깊이 알기: 사계절 시스템과 해석

앞서 퍼스널 컬러의 기본적인 분류로 따뜻한 느낌의 웜톤과 차가운 느낌의 쿨톤이 있음을 소개했습니다. 이제 더 나아가 퍼스널 컬러를 보다 세부적으로 이해하는 사계절 시스템에 대해 알아보겠습니다.

사계절 시스템은 웜톤과 쿨톤을 다시 봄, 여름, 가을, 겨울의 사계절에 비유하여 더욱 구체적인 컬러 팔레트를 제시하는 이론입니다. 각 계절은 고유의 색상 특징을 가지며, 이는 개인의 피부색, 눈동자 색, 머리카락 색 등과 조화를 이루어 가장 잘 어울리는 색상을 진단하는 데 활용됩니다.

사계절 시스템(four seasons system)

봄(spring): **웜톤—밝고 생기 있는 컬러**
- 이미지: 밝고 활기찬, 생기 넘치는, 어려 보이는, 귀여운, 명랑한
- 색상 특징: 노란색을 기본으로 하는 밝고 맑은 색조(예: 코랄, 피치, 새

먼핑크, 밝은 녹색, 레몬옐로 등)

— 의사용 적용: 따뜻하고 활기찬 이미지를 전달하기 좋아 소아청소년과, 가정의학과 의사에게 효과적

여름(summer): 쿨톤—부드럽고 차분한 컬러

— 이미지: 부드럽고 차분한, 청순한, 섬세한, 여성스러운, 세련된

— 색상 특징: 파란색을 기본으로 하는 흰색이나 회색이 섞인듯한 부드러운 색조(예: 라벤더, 소프트핑크, 스카이블루, 민트, 회색빛 베이지 등)

— 의사용 적용: 차분하고 신뢰감 있는 이미지를 주어 정신건강의학과, 내과 의사에게 적합

가을(autumn): 웜톤—깊고 그윽한 컬러

— 이미지: 성숙하고 깊이 있는, 차분한, 세련된, 지적인, 고급스러운

— 색상 특징: 노란색을 기본으로 하는 깊고 따뜻하며 탁한 색조(예: 버건디, 브라운, 올리브그린, 머스터드, 톤 다운된 오렌지 등)

— 의사용 적용: 따뜻하고 안정적인 인상을 주어 한의사, 재활의학과 의사에게 효과적

겨울(winter): 쿨톤—선명하고 강렬한 컬러

— 이미지: 도시적이고 세련된, 강렬한, 차가운, 시크한, 카리스마 있는

— 색상 특징: 파란색을 기본으로 하는 차갑고 선명하며 대비가 강한 색조(예: 블랙, 화이트, 네이비, 푸시아핑크, 에메랄드그린, 플럼 등)

— 의사용 적용: 전문적이고 카리스마 있는 이미지를 주어 외과, 성형외과 의사에게 적합

명도, 채도로 구분한 퍼스널 컬러 :
라이트, 브라이트, 뮤트, 딥(Light, Bright, Mute, Deep)

사계절 시스템을 동양적인 시각으로 재해석하여 라이트(Light), 브라이트(Bright), 뮤트(Mute), 딥(Deep)의 4가지 컬러 그룹으로 나누기도 합니다. 이는 색상의 명도와 채도를 기준으로 분류하며, 사계절 시스템과 유사한 특징을 가집니다.

라이트(Light): 밝고 맑은 컬러
- 특징: 명도가 높고 채도가 낮은 맑은 색상 그룹입니다. 사계절 시스템의 봄 웜톤 중 밝은 색상과 여름 쿨톤 중 밝은 색상에 해당합니다.
- 의사 이미지 매칭: 부드럽고 편안한 인상, 친절하고 섬세한 느낌을 줄 수 있습니다. 소아청소년과, 가정의학과 등 친근함이 중요한 진료과에 어울릴 수 있습니다.

브라이트(Bright): 맑고 선명한 컬러
- 특징: 명도와 채도가 모두 높은 선명하고 생기 있는 색상 그룹입니다. 사계절 시스템의 봄 웜톤 중 선명한 색상과 겨울 쿨톤 중 선명한 색상에 해당합니다.
- 의사 이미지 매칭: 활기차고 긍정적인 인상, 전문적이면서도 생동감 있는 느낌을 줄 수 있습니다. 새로운 시술이나 활발한 연구 활동을 하는 의사에게 어필할 수 있습니다.

뮤트(Mute): 부드럽고 차분한 컬러

- 특징: 채도가 낮고 부드럽고 차분한 느낌의 색상 그룹입니다. 사계절 시스템의 여름 쿨톤 중 탁한 색상과 가을 웜톤 중 탁한 색상에 해당합니다.
- 의사 이미지 매칭: 지적이고 차분한 인상, 신뢰감을 주고 편안한 분위기를 조성할 수 있습니다. 내과, 정신건강의학과 등 신중하고 안정적인 이미지가 중요한 진료과에 어울릴 수 있습니다.

딥(Deep): 깊고 어두운 컬러

- 특징: 명도가 낮고 채도가 높거나 낮은 깊고 어두운 색상 그룹입니다. 사계절 시스템의 가을 웜톤 중 깊은 색상과 겨울 쿨톤 중 어두운 색상에 해당합니다.
- 의사 이미지 매칭: 전문적이고 카리스마 있는 인상, 강한 신뢰감을 줄 수 있습니다. 외과, 신경외과 등 전문성과 권위가 중요하게 여겨지는 진료과에 어울릴 수 있습니다.

이처럼 퍼스널 컬러를 사계절 시스템과 동양식 컬러 그룹으로 이해하면, 의사로서 자신의 이미지를 더욱 효과적으로 연출하고 환자들에게 긍정적인 인상을 심어줄 수 있습니다. 홈페이지, 유니폼, 진료실 인테리어 등에 자신의 퍼스널 컬러를 고려하여 적용한다면 더욱 일관성 있고 매력적인 브랜딩을 구축할 수 있을 것입니다.

의사의 이미지는 환자의 신뢰도와 직결됩니다. 아무리 뛰어난 실력을 갖췄더라도 외적 이미지가 전문성과 신뢰감을 저해한다면,

환자와의 첫 관계 형성에 걸림돌이 될 수 있습니다.

의사 퍼스널 컬러의 효과

- 첫인상 형성: 환자가 의사를 처음 만났을 때 7초 안에 신뢰도를 판단한다는 연구 결과가 있습니다. 이때 의상의 색상은 강력한 비언어적 메시지를 전달합니다.
- 전문성 강화: 자신에게 어울리는 색상을 활용하면 피부가 건강해 보이고 생기 있게 보이므로, 건강 전문가로서의 이미지를 강화할 수 있습니다.
- 일관된 브랜드 구축: 개인의 퍼스널 컬러를 진료실 인테리어, 진료복, 명함 등에 일관되게 적용하면 통합된 브랜드 이미지를 구축할 수 있습니다.
- 미디어 출연 효과 극대화: TV, 유튜브 등 영상 매체에 출연할 때 자신에게 맞는 색상을 활용하면 화면에서 더욱 전문적이고 신뢰감 있게 보일 수 있습니다.

> ### 의사를 위한 퍼스널 컬러 활용 팁
>
> - 진료복(가운) 선택:
>   - 쿨톤이라면 순백색이나 푸른 기가 도는 화이트 계열
>   - 웜톤이라면 약간의 아이보리가 가미된 화이트 계열
>   - 가운 안에 입는 셔츠나 블라우스는 반드시 퍼스널 컬러에 맞게 선택
>
> - 영상 촬영 시 의상:
>   - 카메라는 실제보다 얼굴을 창백하게 보이게 할 수 있으므로, 자신의 퍼스널 컬러 중에서도 약간 더 선명한 톤 선택
>   - 특히 화이트 가운은 카메라에서 과도하게 밝게 나올 수 있으므로 조명 확인 필수
>
> - 액세서리:
>   - 쿨톤은 실버, 화이트골드 계열
>   - 웜톤은 골드, 로즈골드 계열
>   - 과도한 장신구는 전문성을 저해할 수 있으므로 미니멀하게 활용
>
> - 헤어 컬러:
>   - 머리카락은 얼굴 주변에서 가장 넓은 면적을 차지하므로 퍼스널 컬러와 조화를 이루는 것이 중요
>   - 쿨톤은 애시브라운, 차콜, 블랙 계열
>   - 웜톤은 캐러멜, 골드브라운 계열

퍼스널 컬러는 단순한 미용 트렌드가 아닌, 의사의 전문성과 신뢰도를 시각적으로 강화하는 접근법입니다. 자신에게 맞는 컬러를 찾아 일관되게 적용함으로써, 의사로서의 퍼스널 브랜딩을 한 차원 높일 수 있습니다.

다시 한번 강조하지만, 이 책에서 제공하는 정보는 기본적인 가이드라인일 뿐입니다. 정확한 퍼스널 컬러 진단을 위해서는 전문가를 찾아 컨설팅을 받아 보시는 것을 권장합니다. 작은 변화가 가져오는 큰 차이를 경험하게 될 것입니다.

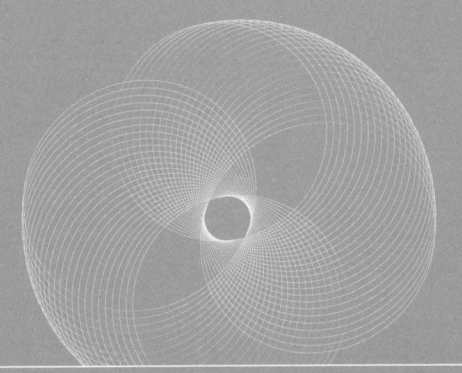

제6장

의사 퍼스널 브랜딩 성공 사례 분석

DOCTOR MARKETING

유태우 박사의 닥터 유

한국 의사 퍼스널 마케팅의 대표적 성공 사례로 '닥터 유' 브랜드를 빼놓을 수 없습니다. 서울대 가정의학과 출신 유태우 박사는 의료인으로서의 전문성을 바탕으로 식품, 미디어, 출판 등 다양한 분야에서 자신의 브랜드 가치를 구축했는데요. 특히 대기업 오리온과의 협업으로 출시한 닥터 유 브랜드의 과자, 단백질 바 등 다양한 제품은 아직도 대형 마트에서 쉽게 찾아볼 수 있습니다. 저 역시도 이 브랜드의 단백질 바를 즐겨 먹고 있으니까요.

2007년, 유태우 박사는 당시 멜라민 파동 등으로 소비자 신뢰가 하락한 식품업계 상황에서 오리온에 혁신적인 제안을 했습니다. '제대로 된 영양학적 설계로 과자 하나만으로도 균형을 맞춘 제품'이라는 콘셉트는 의학적 전문성과 상업적 가치를 결합한 새로운 시도였습니다. 이는 단순한 제품 개발을 넘어 '닥터유'라는 브랜드의 탄생으로 이어졌습니다.

닥터유 프로젝트의 핵심은 '음식의 과학적, 의학적 프로젝트'라는 새로운 패러다임이었습니다. 이 과정에서 유태우 박사는 다음과 같은 퍼스널 브랜딩 전략을 성공적으로 구사했습니다.

- 전문성의 상품화: 의학 지식을 일상 소비재에 접목
- 사회적 문제 해결사 포지셔닝: 식품 불신 문제에 대한 해결책 제시
- 신뢰 이전: 의사로서의 신뢰를 제품 브랜드로 전이

이후 유태우 박사는 단일 채널에 머물지 않고 다양한 플랫폼으로 자신의 브랜드를 확장했습니다.

1. 미디어 활동을 통한 대중적 친근감 구축

'닥터U와 함께'(**구독자 54.4만 명(2025.4.)**)라는 유튜브 채널을 통해 불면증, 다이어트, 만성질환 등 일상적 건강 문제에 대한 전문적 조언을 제공했습니다. 이는 의학 정보의 대중화뿐 아니라, 유태우 박사 개인의 브랜드 인지도를 높이는 효과적인 채널이 되었습니다. 디지털 미디어를 통해 그는 권위적인 의사 이미지를 넘어 친근한 건강 멘토로 차별화하는 데 성공했습니다.

2. 저술 활동을 통한 전문성 강화

『누구나 10kg 뺄 수 있다』, 『유태우의 질병완치』 등 다수의 베스트셀러 출간은 유태우 박사의 전문성을 대중에게 효과적으로 전달했습니다. 책은 단순한 지식 전달 수단을 넘어 '닥터유' 브랜드의 신뢰도를 높이고 전문가로서의 입지를 강화하는 중요한 도구가 되었습니다. 특히 한국인 특성에 맞춘 건강관리법이라는 차별화된

콘텐츠는 그의 브랜드 가치를 더욱 높였습니다.

3. 제품 브랜드와의 시너지 창출

오리온 닥터유 제품은 유태우 박사의 퍼스널 브랜드와 상업적 가치가 결합한 대표적 사례입니다. 광고와 PR에서 유태우 박사는 단순한 모델이 아닌 제품 개발의 핵심 주체로 등장했으며, 이는 제품의 신뢰도를 높이는 데 크게 이바지했습니다. '의사가 만든 건강한 과자'라는 콘셉트는 소비자들에게 강력한 차별화 포인트로 작용했습니다.

활동 영역	퍼스널 마케팅 전략	효과
오리온 협업	의사-제과 회사 협업의 신선함 전문성을 제품 개발에 직접 반영 스토리텔링 중심 마케팅	브랜드 신뢰도 상승 차별화된 시장 포지셔닝 제품-인물 간 진정성 있는 연결
유튜브/ 온라인 활동	전문성 기반 실시간 소통 복잡한 의학 정보의 쉬운 전달 지속적인 콘텐츠 제공	대중적 친근감 형성 브랜드 인지도 확대 팬 커뮤니티 구축
저서 출간	한국인 맞춤형 건강 솔루션 제공 실용적 정보 중심 콘텐츠 전문가 입장에서의 조언	퍼스널 브랜드 확립 신뢰성 강화 지식 기반 영향력 확대
광고/PR	스토리 중심 마케팅 개발 과정의 투명한 공개 전문가 정체성 유지	퍼스널 브랜드와 제품 브랜드의 시너지 차별화된 마케팅 메시지 장기적 브랜드 자산 구축

유태우 박사의 퍼스널 브랜딩 성공은 다음과 같은 핵심 요소에 기인합니다.

첫째, 닥터유 브랜드는 '불신과 건강 우려'(결핍)를 '의사의 전문성'(해결)으로 극복하는 명확한 스토리텔링을 구축했습니다. 이 구조는 소비자들에게 강력한 공감과 신뢰를 불러일으켰습니다. 특히 식품 안전에 대한 불안이 높았던 시기에 의사가 직접 개발에 참여했다는 점은 소비자들에게 안심감을 주었습니다.

둘째, 유태우 박사는 서울대 출신 의사라는 전문성을 유지하면서도, 미디어 활동을 통해 대중과 친근하게 소통하는 균형을 이루었습니다. 이는 전문가로서의 권위와 대중적 접근성이라는 2가지 요소를 모두 갖춘 브랜드 이미지 구축에 성공한 사례입니다.

셋째, 다양한 채널에서 '건강한 삶을 위한 실질적 솔루션 제공'이라는 일관된 메시지를 유지한 점도 주목할 만합니다. 제품 개발, 유튜브 콘텐츠, 저서 등 모든 활동에서 유태우 박사는 실용적이고 과학적인 건강 정보 제공자로서의 이미지를 일관되게 유지했습니다.

넷째, 오리온과의 협업은 의사 개인의 영향력을 상업적 영역으로 확장한 성공적 사례입니다. 이 과정에서 유태우 박사는 자신의 전문성을 훼손하지 않으면서도 대중적 인지도와 상업적 가치를 모두 높이는 데 성공했습니다.

유태우 박사의 '닥터유' 브랜드는 의사가 어떻게 자신의 전문성을 바탕으로 사회적 영향력과 경제적 가치를 동시에 창출할 수 있는지 보여주는 사례입니다. 의료 지식의 대중화, 다양한 채널을 통한 일관된 브랜드 구축, 그리고 전문성과 친근함의 균형 있는 조화가 균형 있게 이루어진 사례로 꼭 한번 살펴보시기 바랍니다.

여에스더 박사의 에스더몰

유태우 박사가 대기업과의 협업을 끌어냈다면 의사로서 본인의 비즈니스까지 완벽하게 연결한 퍼스널 마케팅의 예로는 여에스더 박사가 선두주자라고 할 수 있습니다. 서울대 의대를 졸업하고 가정의학과 전문의로서의 전문성을 기반으로, 방송인, 사업가로 영역을 확장하며 대중적 인지도와 신뢰를 구축한 그녀의 행보는 의사들의 퍼스널 마케팅에 중요한 통찰을 제공합니다.

여에스더 박사는 서울대 의대 졸업, 가정의학과 전문의라는 탄탄한 학문적 배경과 임상 경험을 자신의 브랜드 핵심 가치로 삼았습니다. 이러한 전문성은 그녀가 건강기능식품을 개발하고 건강 정보를 제공하는 모든 활동의 기반이 되었습니다. 의학 지식을 대중이 이해하기 쉽게 전달하는 그녀의 능력은 방송, 강연, 유튜브 등 다양한 채널에서 발휘되었고, 이는 대중의 신뢰로 이어졌습니다.

여에스더 박사는 단순히 전문 지식을 전달하는 데 그치지 않고, 자신의 경험, 가족 이야기, 어려움을 극복한 과정 등 개인적인 스토리텔링을 적극적으로 활용했습니다. 예를 들어, 자신의 우울증 경험을 솔직하게 공유하고 이를 극복한 방법을 설명하면서 제품을 소개하는 방식은 많은 시청자의 공감을 얻었습니다. 이러한 진정성 있는 소통은 단순한 정보 전달을 넘어 정서적 유대감을 만들었습니다.

1. 에스더몰: 신뢰를 기반으로 한 사업 확장

여에스더 박사는 자신의 전문성과 신뢰를 비즈니스로 확장하는 데 성공했습니다. '에스더몰'은 그녀의 이름을 걸고 건강기능식품을 판매하는 플랫폼으로, 그녀가 쌓아온 신뢰가 제품 구매로 직접 이어지는 구조를 만들었습니다.

에스더몰의 성공 비결은 '에스더만의 포뮬러'라는 차별화된 제품 개발에 있습니다. 시중에 이미 많은 건강기능식품이 있음에도 불구하고, 의사로서의 전문성을 바탕으로 자신이 직접 연구하고 개발한 제품이라는 점을 강조했습니다. 특히 고객 문의에 직접 응대하는 방식은 제품에 대한 신뢰를 더욱 강화했습니다.

여에스더 박사는 또한 홈쇼핑, 온라인 쇼핑몰 등 다양한 유통 채널을 활용하여 주부 등 주요 타깃층에 집중적으로 접근했습니다. 특히 홈쇼핑에서는 의사로서의 전문성과 방송인이 지녀야 할 소통 능력을 동시에 발휘하여 높은 판매율을 기록했습니다. 이러한 전략으로 에스더몰은 짧은 기간 내에 누적 판매량과 회원 수를 빠르게 늘릴 수 있었습니다.

더불어 사회 공헌 활동을 통해 기업의 사회적 책임 이미지도 구축했습니다. 판매 수익의 일부를 소외계층 지원에 기부하는 등의 활동은 브랜드 이미지를 더욱 긍정적으로 만들었습니다. 이러한 활동은 단순한 마케팅을 넘어, 여에스더 박사의 진정성을 보여주는 또 다른 방식이었습니다.

2. 에스더TV: 소통과 공감을 통한 브랜드 강화

유튜브 채널 '에스더TV'(**구독자 40만 명(2025.4.)**)는 여에스더 박사의 퍼스널 브랜딩을 더욱 강화하는 중요한 플랫폼이 되었습니다. 이 채널에서는 건강 정보, 뷰티 팁, 일상 브이로그 등 다양한 콘텐츠를 통해 전문성과 인간적 매력을 동시에 어필했습니다.

특히 주목할 만한 점은 댓글과 라이브 방송을 통한 적극적인 소통입니다. 시청자들의 질문에 성실히 답변하고, 라이브 방송에서 실시간으로 대화하는 방식은 구독자와의 친밀감을 높이고 충성 고객층을 확보하는 데 큰 역할을 했습니다.

3. 남편 홍혜걸 박사와의 시너지, '비 온 뒤' 채널

여에스더 박사의 퍼스널 브랜딩에서 빼놓을 수 없는 요소는 남편인 홍혜걸 박사와의 시너지입니다. 두 사람은 다양한 방송, 유튜브 라이브, '비 온 뒤'(**구독자 193만 명 (2025.4.)**) 채널 등에서 함께 활동하며 부부의 케미와 의학적 전문성을 동시에 강조했습니다.

'비 온 뒤' 채널에서는 건강 정보, Q&A, 부부 토크 등 다양한 포맷으로 대중과 소통하며, 두 사람의 시너지로 브랜드 파워를 더욱 강화했습니다. 남편은 의사이자 전직 기자로, 아내는 가정의학과 전문의이자 예방의학 박사로서 각자의 전문 분야에서 정보를 제공하면서도, 부부간의 자연스러운 대화와 때로는 재미있는 티격태격하는 모습으로 시청자들에게 친근감을 주었습니다.

특히 부부의 일상, 결혼 생활, 가족 이야기를 콘텐츠화하는 전략은 시청자들에게 큰 호응을 얻었습니다. "우리 부부도 가끔 싸워요.", "남편은 이런 습관이 있어서 제가 늘 잔소리를 해요." 같은 솔직한 이야기는 시청자들에게 '우리와 다르지 않은 평범한 부부'라는 친근한 이미지를 심어주었습니다.

이러한 부부 콘텐츠는 단순한 재미를 넘어, 두 의사의 전문성을 더욱 돋보이게 하는 효과가 있었습니다. 각자의 전문 분야에서 의견을 나누고 때로는 전문적인 토론을 벌이는 모습은 시청자들에게 더 깊이 있는 의학 정보를 제공했습니다. 이는 '의사 부부의 전문적이면서도 친근한 건강 조언'이라는 독특한 콘텐츠 포지셔닝을 가능하게 했습니다.

여에스더 박사의 퍼스널 마케팅 성공은 여러 요인이 복합적으로 작용한 결과입니다. 그 핵심 요인들을 살펴보면 다음과 같습니다.

여에스더 박사의 성공 사례는 퍼스널 브랜딩을 고려하는 의사들에게 여러 시사점을 제공하는데요.

첫째, 전문성과 신뢰는 의사 퍼스널 브랜딩의 기본입니다. 여에스더 박사는 가정의학과 전문의로서의 전문성을 바탕으로 건강 정보를 제공하고, 이를 통해 대중의 신뢰를 얻었습니다. 의사들은 자신의 전문 분야에서 깊이 있는 지식과 경험을 쌓고, 이를 대중이 이해하기 쉽게 전달하는 능력을 개발해야 합니다.

둘째, 진정성 있는 소통이 중요합니다. 여에스더 박사는 자신의 경험, 가족 이야기, 때로는 실패담까지 솔직하게 공유하며 대중과 정서적 유대감을 형성했습니다. 의사들도 완벽한 전문가의 이미지보다는 인간적인 면모를 보여주고, 환자들과 진정성 있게 소통하는 것이 효과적인 퍼스널 브랜딩 전략이 될 수 있습니다.

셋째, 다양한 채널을 활용한 접근이 필요합니다. 여에스더 박사는 방송, 유튜브, 홈쇼핑 등 다양한 채널을 통해 대중과 소통하고 자신의 브랜드를 확장했습니다. 의사들도 블로그, SNS, 유튜브 등 다양한 플랫폼을 활용하여 자신의 전문성을 알리고 환자들과 소통하는 방법을 모색해야 합니다.

넷째, 차별화된 콘텐츠 전략이 필요합니다. 여에스더 박사는 부부 콘텐츠, 일상 브이로그 등 다른 의사들과 차별화된 콘텐츠로 자신만의 브랜드 아이덴티티를 구축했습니다. 의사들도 자신만의 독특한 관점이나 경험, 전문성을 살린 차별화된 콘텐츠 전략을 개발할 필요가 있습니다.

다섯째, 지속적인 소통과 관계 구축이 중요합니다. 여에스더 박사는 댓글 답변, 라이브 방송 등을 통해 팬들과 지속해서 소통하며 관계를 구축했습니다. 의사들도 환자들과의 소통을 일회성으로 끝내지 않고, 지속적인 관계를 유지하는 전략을 고려해야 합니다.

여에스더 박사는 자신의 전문성과 진정성, 그리고 가족·부부

스토리텔링을 결합한 퍼스널 마케팅 전략으로 브랜드 신뢰와 충성도를 높였습니다. 에스더몰, 에스더TV, 비 온 뒤 등 다양한 플랫폼에서의 소통과 차별화된 콘텐츠, 그리고 남편과의 시너지로 건강기능식품 시장에서 독보적인 위치를 차지하고 있습니다.

그녀의 성공 사례는 의사의 퍼스널 브랜딩이 단순한 홍보를 넘어, 전문성과 인간미를 바탕으로 한 진정성 있는 소통과 가치 제공이 중요하다는 것을 보여줍니다. 또한, 인물 브랜드가 곧 사업 성공의 핵심 자산이 될 수 있음을 보여주는 대표적 예시입니다. 의사들도 자신의 전문성과 인간적 매력을 결합한 퍼스널 브랜딩 전략을 통해, 환자들에게 더 큰 가치를 제공하고 자신의 영향력을 확대해 나갈 수 있을 것입니다.

정희원 교수의
저속노화

요즘 가장 핫한 의사 하면 누가 떠오르세요? 아마 서울아산병원 노년내과 정희원 교수가 아닐까 싶습니다. 그가 제시한 '저속노화'라는 패러다임은 노년층뿐만 아니라 MZ들에도 신선한 건강 개념으로 자리매김했는데요.

정 교수는 '가속노화'라는 개념을 국내에 소개하고, 이에 대응하는 '저속노화'라는 신조어를 만들어 대중화했습니다. 이는 단순한 용어 창조를 넘어 새로운 건강 패러다임을 제시한 것으로, 의료계와 일반인 모두에게 차별화된 포지셔닝을 확보하는 계기가 되었습니다.

정희원 교수의 퍼스널 브랜딩 성공 비결은 탄탄한 전문성에서 시작됩니다. 서울대 의과대학을 졸업하고 KAIST에서 박사학위를 취득한 그는 서울아산병원 노년내과 임상 조교수로 활동하며 노화 연구 분야에서 독보적인 위치를 확립했습니다. 20년 이상 노년의학을 연구해 온 그의 학문적 배경은 '저속노화'라는 브랜드에 확고한 신뢰성을 부여합니다.

특히 그의 전문성은 한국형 MIND 식사법 개발과 같은 구체적인 연구 성과로 이어졌습니다. 서양의 식습관에 기반을 둔 기존 건강

식이법을 한국인의 식습관과 생활양식에 맞게 재해석한 이 접근법은 그의 브랜딩에 실질적인 가치를 더했습니다.

1. 유튜브 채널 '정희원의 저속노화'

유튜브 채널 '정희원의 저속노화'(구독자 42.1만 명(2025.4.))는 혈당 스파이크를 방지하는 레시피, 일상 브이로그 등 실용적인 콘텐츠를 제공하며 꾸준히 구독자를 확보했습니다. 특히 복잡한 의학 개념인 '디폴트 모드 네트워크'나 '혈당-노화 상관관계'를 누구나 이해할 수 있는 쉬운 언어로 풀어내는 그의 능력은 대중과의 소통에 큰 강점으로 작용했습니다.

2. 방송 출연 전략: 라디오 스타 등

전문성만으로는 대중적인 브랜드를 구축하기 어렵습니다. 정희원 교수는 "느리게 늙는 법"이라는 재치 있는 슬로건을 통해 젊은 층의 공감을 끌어내고, 다양한 미디어 채널을 통해 전문가로서의 이미지와 인간적 매력을 동시에 전달했습니다.

방송 출연 전략 역시 주목할 만합니다. 〈라디오 스타〉에서 황금비율 식단을 전격 공개하고, 〈유 퀴즈〉에서는 유행하는 밈(meme)을 활용하는 등 엔터테인먼트 요소를 적극적으로 활용했습니다. 이러한 접근은 의사의 딱딱한 이미지를 벗어나 친근하고 인간적인 모습을 보여주는 데 효과적이었습니다.

3. 도서: 『저속노화 식사법』, 『당신도 느리게 나이 들 수 있습니다』

정희원 교수의 또 다른 성공 전략은 저서, 강연, 미디어 콘텐츠를 하나의 생태계로 연결해 "저속노화" 개념을 생활 밀착형 브랜드로 재탄생시킨 것입니다. 그의 베스트셀러 『저속노화 식사법』은 한국형 레시피를 제시하며 20만 부 이상 판매되었고, 후속작 『당신도 느리게 나이 들 수 있습니다』에서는 4M 건강법(이동성·마음 건강·질병 관리·중요가치)을 체계화했습니다.

이러한 출판 성공은 단순한 지식 전달을 넘어 "저속노화"라는 IP(지식재산)를 다양한 형태로 확장하는 계기가 되었습니다. 세븐일레븐, 제스프리, 햇반 등 식품 기업과의 협업을 통해 "저속노화" 콘셉트의 제품 라인을 론칭하는 등 온라인 콘텐츠를 오프라인 비즈니스로 확장했습니다.

"저속노화는 단순한 건강법이 아니라 삶의 방식입니다." 이러한 철학적 접근은 그의 브랜드를 단순한 의학 정보 제공자에서 라이프스타일 트렌드 리더로 확장시켰습니다. 정 교수는 건강한 식습관, 운동법, 생활 습관 등을 아우르는 총체적인 웰빙 브랜드로 "저속노화"를 차별화했으며, 이는 다양한 형태의 콘텐츠와 제품으로 구현되었습니다.

정희원 교수의 퍼스널 브랜딩이 단순한 개인 홍보를 넘어 사회적 영향력을 갖게 된 이유는 그가 건강 불평등과 같은 사회적 이슈에 적극적으로 목소리를 냈기 때문입니다. "30·40세대가 부모보다 빨리 늙는 첫 세대"라는 충격적인 진단을 통해 현대 사회의 건강 문제를 공론화했습니다.

서대문구 명사특강 등 다양한 공개 강연을 통해 노화 예방법을 보급하고, 식품표시광고법 개정 논의에 참여하는 등 정책적 차원에서도 의료계의 사회적 역할을 강조했습니다. 이러한 활동은 그를 단순한 의사가 아닌 공공보건 분야의 전문가로 인정받게 했습니다.

"건강은 개인의 책임만이 아닌 사회적 책임입니다." 이러한 메시지는 그의 브랜드에 사회적 가치를 더했으며, 단순한 상업적 성공을 넘어 의미 있는 사회적 영향력을 행사하는 의사로서의 이미지를 구축했습니다.

정희원 교수의 성공 사례는 의사들의 퍼스널 마케팅에 여러 가지 중요한 시사점을 제공합니다.

첫째, 전문성과 대중성의 균형이 중요합니다. 정 교수는 노화 연구라는 전문 분야에서의 깊이 있는 지식을 바탕으로 하면서도, 이를 누구나 이해하고 실천할 수 있는 형태로 재구성했습니다. 의사들은 자신의 전문 분야에서 차별화된 관점이나 접근법을 개발하고, 이를 대중이 공감할 수 있는 언어로 전달하는 능력을 키워야 합니다.

둘째, 새로운 언어와 개념 창출의 중요성입니다. "저속노화"라는 신조어 창출은 정 교수 브랜딩의 핵심 요소였습니다. 의사들은 자신의 전문 분야에서 새로운 개념이나 용어를 개발하여 차별화된 포지셔닝을 확보할 수 있습니다.

셋째, 다중 채널 전략의 효과입니다. 정 교수는 책, 유튜브, SNS, 방송 출연, 강연 등 다양한 채널을 통합적으로 활용했습니다. 각 채널의 특성에 맞는 콘텐츠를 제작하면서도, "저속노화"라는 일관된 메시지를 전달했습니다. 의사들도 자신에게 맞는 다양한 채널을 발굴하고, 일관된 브랜드 메시지를 전달하는 전략이 필요합니다.

넷째, 사회적 가치와의 연결입니다. 정 교수는 개인 건강을 넘어 사회적 건강 문제에 목소리를 냄으로써 브랜드의 영향력을 확대했습니다. 의사들도 자신의 전문성을 사회적 문제 해결과 연결하는 방안을 모색할 수 있습니다.

정희원 교수의 "저속노화" 브랜드는 의사가 단순한 질병 치료자를 넘어 건강한 라이프스타일의 안내자로서 새로운 역할을 할 수 있음을 보여줍니다. 이러한 접근은 의사의 사회적 영향력을 확대하고, 동시에 의료 서비스의 가치를 높일 수 있습니다.

박용우 박사의
스위치온 다이어트

건강관리에 있어 빼놓을 수 없는 다이어트! 특히 요즘 혈당 다이어트에 관심 있으신 분들 많을 거예요. 혈당 다이어트는 저속노화와 함께 가장 주목받는 건강 개념이 아닐까 싶습니다. 직접 혈당 측정기를 팔에 차고 다이어트 실험을 직접 하는 의사! 혹시 보신 적 있나요? 바로 강북삼성병원 비만 클리닉 소장을 역임한 박용우 박사입니다.

박용우 박사는 30년이 넘는 시간 동안 비만 치료에 헌신하며 쌓아온 전문성과 '스위치온 다이어트'라는 독자적인 다이어트 방법론을 결합하여 의료계는 물론 대중들에게도 깊은 인상을 남기고 있는데요. 그는 단순히 의학적 지식을 전달하는 것을 넘어, 자신만의 캐릭터와 스토리를 구축하여 환자들과 공감대를 형성하고, 신뢰를 얻는 데 성공했습니다. 그의 사례는 의사로서 전문성을 어떻게 효과적으로 브랜딩하고, 이를 사업적 성공으로 연결할 수 있는지에 대한 귀중한 통찰을 제공합니다.

박용우 박사는 강북삼성병원 비만 클리닉 소장과 성균관대 의대 임상교수로서의 오랜 경험을 바탕으로 '스위치온 다이어트'를 개발했습니다. 그는 '국내 최초 비만 클리닉 개설자'라는 타이틀을 내세우면서도, 자신을 '살찌기 쉬운 남자'라고 칭하는 자기 조롱적 표현을 사용하여 전문성과 친근함을 동시에 강조했습니다. 이러한 접근 방식은 환자들에게 전문가로서의 신뢰감을 주면서도, 인간적인 공감대를 형성하는 데 효과적이었습니다.

이러한 주장을 뒷받침하기 위해 박 교수는 '지방 대사 스위치'라는 비유적 표현을 사용하여 복잡한 생리학적 개념을 단순화했습니다. 그는 유튜브, 인스타그램(@prodieter), 블로그 등 다양한 플랫폼을 통해 3주/4주 프로그램의 단계별 실행법을 구체화하여 제공했습니다. 특히 유튜브에서는 '단백질 셰이크 활용법', '간헐적 단식 Q&A' 등 실생활에 적용 가능한 팁을 공개하여 환자들의 참여를 유도했습니다.

1. 도서: 『지방 대사 켜는 스위치온 다이어트』, 『내 몸 혁명』 등

박 교수는 『지방 대사 켜는 스위치온 다이어트』라는 저서를 통해 자신의 다이어트 방법론을 체계화했습니다. 그는 이 책에서 탄수화물 섭취 감소, 단백질 섭취 증가, 숙면, 간헐적 단식, 고강도 운동, 영양제 섭취라는 6가지 핵심 원칙을 제시했습니다. 이러한 원칙들은 단순한 식이요법을 넘어, 생활 습관 전반을 개선하는 데 초점을 맞추고 있습니다.

2. 스위치온 다이어트 패키지

박용우 박사는 '스위치온 다이어트'를 3주/4주 루틴 패키지로 상품화하여 환자들이 체계적으로 프로그램을 따라갈 수 있도록 했습니다. 그는 "3주 차가 성패의 갈림길"이라는 명확한 타임라인을 제시하여 소비자들의 집중도를 높였습니다. 4주 단계별 구성은 1단계(장내 환경 개선으로 지방대사 스위치 켜기), 2단계(간헐적 단식으로 지방간 개선), 3단계(인슐린 저항성 개선), 4단계(체지방 감량 극대화)로 이루어져 있으며, 단계별 목표와 실천 방법을 구체적으로 제시했습니다.

또한, 그는 단백질 셰이크, 영양제 패키지 등 자신의 다이어트 방법론과 관련된 제품을 스위치온 공식몰 등 플랫폼에서 직접 판매하여 사업적 성과를 창출했습니다. 이러한 제품들은 '스위치온 다이어트'의 효과를 극대화하는 데 도움을 주며, 환자들의 만족도를 높였습니다.

3. 다양한 방송 출연

박용우 박사는 〈생로병사의 비밀〉 등 다양한 방송 프로그램에 출연하여 '의학적 근거+유머' 조합을 활용하여 대중의 관심을 끌었습니다. 호감형 외모를 가지고 있고, 언변이 좋은 재능을 활용하여 어려운 의학 용어 대신 쉽고 재미있는 비유를 사용하고, 자신의 경험을 곁들여 설명함으로써 시청자들의 이해를 도왔습니다. 이러한 방송 출연은 대중적인 인지도를 가진 의사로 만들고, 그의 다이어트 방법론에 대한 신뢰도를 높였습니다.

4. 유튜브: 박용우의 스위치온

최근에는 유튜브 활동에 많이 주력하고 있는 모습인데요. '박용우의 스위치온'(구독자 20.1만 명(2025.4.)에서는 스위치온 다이어트에 대한 주차 별 설명, 다이어트 음식, 다이어트 고민 등에 대해 다이어트에 대한 실질적인 고민과 영상이 담겨 있습니다. 직접 병원 식당의 메뉴 등을 점검하기도 하고, 편의점 아침 조합 등을 점검하는 등 실질적이고 재미있는 내용이 많은 것이 특징입니다.

박용우 박사의 퍼스널 마케팅 전략의 성공 비결은 다음과 같이 요약할 수 있습니다.

첫째, 자신을 '술을 좋아하는 남자'로 브랜딩하여 환자들과 공감대를 형성했습니다. 의사들도 자신의 경험과 스토리를 솔직하게 공유하고, 환자들의 어려움을 이해하며 공감하는 것이 중요합니다.

둘째, '스위치온 다이어트'의 원리를 과학적 근거를 바탕으로 설명하고, 이를 다양한 콘텐츠로 제작하여 환자들의 이해를 도왔습니다. 의사들도 자신의 전문 지식을 명확하고 신뢰성 있게 전달하는 능력을 갖춰야 합니다.

셋째, 환자들의 요구와 필요에 맞춰 '스위치온 다이어트' 프로그램을 체계화하고, 맞춤형 제품과 서비스를 제공했습니다. 의사들도 환자들의 의견을 경청하고, 그들의 요구에 맞는 진료와 서비스를 제공하기 위해 노력해야 합니다.

넷째, 유튜브, 인스타그램, 블로그 등 다양한 채널을 통해 환자들과 꾸준히 소통하며 관계를 구축했습니다. 의사들도 환자들과의 소통을 일회성으로 끝내지 않고, 꾸준히 소통하고 관계를 유지하는 것이 중요합니다.

　박용우 박사의 성공 사례는 의사들이 자신의 전문성을 어떻게 효과적으로 브랜딩하고, 이를 사업적 성공으로 연결할 수 있는지에 대한 또 하나의 귀중한 교훈을 제공합니다. 자신의 전문 분야에서 신뢰를 구축하고, 환자들과 진정성 있게 소통하며, 차별화된 콘텐츠로 자신만의 브랜드를 구축해 나가는 모범적인 사례입니다. 또한, 이미 방송 출연 등을 통해 대중적 인지도를 쌓았음에도 유튜브, 인스타그램 등 SNS 채널을 기반으로 새롭게 브랜딩을 하여 대중 친화적으로 마케팅을 진행하고 있다는 점도 높이 살만합니다.

정세연 한의사의 식치

정세연 한의사라고 하면 잘 모르실 수 있지만, '정세연의 라이프 연구소'라는 유튜브 채널은 제법 보신 분들이 많으실 것 같습니다. 100만 구독자가 넘는 채널이거든요.

의료인의 퍼스널 브랜딩 성공 사례 중에서도 정세연 한의사의 '식치(食治)' 브랜드 구축은 전통 의학의 지혜를 현대적 콘텐츠로 재해석한 뛰어난 사례입니다. 경희대 한의대를 졸업하고 한의학과 박사학위를 취득한 정세연 한의사는 '음식이 곧 치료'라는 오래된 한의학적 개념을 현대인의 일상에 적용 가능한 실천 방법론으로 발전시켰습니다. 그녀의 퍼스널 마케팅 전략은 학문적 깊이와 대중적 친화력의 균형을 어떻게 효과적으로 구축할 수 있는지 보여주는 좋은 본보기입니다.

정세연 한의사의 퍼스널 브랜딩 역시 탄탄한 학문적 기반에서 출발합니다. 그녀는 경희대 한의대 졸업 및 박사학위 취득을 통해 '음식의 약리적 효과'에 대한 연구의 학술적 토대를 마련했습니다. 특히 '식치' 개념을 한의학 고전 『황제내경』과 현대 임상 데이터를 결합해 재해석함으로써, "음식이 곧 치료"라는 신념에 과학적 근거를 더했습니다.

정세연 한의사는 약선(藥膳)과 '식치'의 차이점을 명확히 구분하며 자신만의 전문 영역을 구축했습니다. 약선이 건강 증진을 위한 약용 식재료 활용에 초점을 맞춘다면, 식치는 '질병 치료' 목적의 맞춤형 식단 설계를 강조합니다. 이러한 개념적 차별화는 그녀의 브랜드에 독특한 정체성을 부여했습니다.

1. 유튜브 채널: '정세연의 라이프연구소'

정세연 한의사의 퍼스널 브랜딩에서 가장 큰 성공 요인 중 하나는 유튜브 채널 '정세연의 라이프연구소'입니다. 현재 106만 구독자를 보유한 이 채널은 '일상 속 실천 가능한 식치'를 모토로 전문성과 대중성을 효과적으로 결합했습니다.

채널의 콘텐츠는 크게 2가지 유형으로 구분됩니다. 첫째, 레시피 튜토리얼입니다. 염증 완화 녹즙, 소화 촉진 발효식품 제조법 등 구체적인 요리 과정을 보여주며 시청자들이 직접 따라 할 수 있도록 합니다. 둘째, 질병 특화 가이드입니다. 당뇨, 고지혈, 암 관리, 호흡기, 위 등 특정 건강 문제에 초점을 맞춘 정보를 제공합니다.

정세연 한의사의 유튜브 성공 전략에서 특히 주목할 점은 시청자와의 적극적인 소통입니다. 그녀는 댓글에 달린 질문을 기반으로 Q&A 라이브 방송을 진행해 왔고, 정라레의 식치 상담소를 통해 1:1 맞춤 코칭을 응모할 수 있도록 하고 있습니다. 이러한 쌍방향 소통은 시청자들에게 '함께 건강을 만들어 가는 동반자'라는 인식을 심어주며, 단순한 구독자를 넘어 적극적인 실천 공동체로 발전시켰습니다.

2. 저널 및 출판 활동: 이론-실천의 선순환 구조

정세연 한의사의 출판 활동은 학술적 연구 결과를 대중적 언어로 전환하는 브리지 구실을 합니다. 그녀의 저서들은 한의학적 이론과 현대 영양학 지식을 일상생활에 적용 가능한 실천 방법으로 제시합니다.

베스트셀러『식치의 기적』에서는 질병별 맞춤 레시피를 소개합니다. 불면증을 개선을 위한 상추 활용법, 이뇨 효과가 필요한 경우 팥싹 활용법 등 구체적인 조리법과 함께 각 식자재의 약리적 효능을 설명합니다.『염증 해방』에서는 암, 심장질환, 당뇨, 관절염, 치매 등 백세 시대의 5대 질환을 관통하는 공통점이 만성 염증임을 제시하여, 독자들에게 염증 관리를 위한 식치의 중요성을 강조하고 있습니다.

학술적 측면에서도 정세연 한의사는 대한한의임상영양학회 이사로 식치 연구를 꾸준히 해오며, 전문가로서의 입지를 굳건히 합니다. 이러한 학술 활동은 그녀의 대중적 콘텐츠에 신뢰성을 더하는 중요한 기반이 됩니다.

3. 브랜드 확장 전략: 교육-커뮤니티

정세연 한의사는 '식치' 개념을 중심으로 교육, 커뮤니티라는 2가지 축을 통해 브랜드를 확장했습니다.

교육 플랫폼 측면에서, 그녀는 서울디지털대학교 등 여러 대학과 기관에서 초청 특강을 진행하며 전문가 교육에 참여했습니다. 이러한 활동은 그녀의 전문성을 인정받는 동시에, 식치 개념을 더 넓은 사회적 맥락으로 확장하는 계기가 되었습니다.

정세연 한의사의 사례는 의료인의 퍼스널 브랜딩에 있어 다음과 같은 중요한 시사점을 제공합니다.

첫째, '식치'라는 틈새 개념을 발굴하고, 이를 체계적으로 발전시켜 자신만의 전문 영역으로 구축했습니다. 의료인들도 자신만의 독특한 전문 분야나 접근법을 개발하여 차별화된 브랜드 이미지를 구축할 필요가 있습니다.

둘째, 한의학 고전과 현대 영양학 데이터를 결합한 학술적 연구를 바탕으로, 이를 대중이 이해하기 쉬운 언어와 형식으로 재해석했습니다. 의료인들도 전문성을 유지하면서도 대중이 쉽게 이해하고 실천할 수 있는 방식으로 정보를 전달하는 능력을 개발해야 합니다.

셋째, 유튜브, 책, 강연, 워크숍 등 다양한 플랫폼에서 일관된 메시지를 전달함으로써 브랜드 인지도와 신뢰도를 높일 수 있습니다. 정세연 한의사는 각 플랫폼의 특성에 맞게 콘텐츠를 최적화하면서도 '식치'의 핵심 철학을 일관되게 유지했습니다.

넷째, 단순한 정보 전달을 넘어, 시청자들과의 적극적인 소통을 통해 '식치 실천 공동체'의 개념이 자연스레 형성되었습니다. 의료인들도 환자나 팬들과의 양방향 소통을 통해 신뢰 관계를 구축하고, 이를 기반으로 한 커뮤니티를 발전시킬 필요가 있습니다.

다섯째, 자신의 건강 경험을 솔직하게 공유한 것처럼, 의료인들도 적절한 수준에서 자신의 경험이나 사례를 공유함으로써 인간적인 친근함과 전문적 신뢰를 동시에 얻을 수 있습니다.

정세연 한의사는 '식치'라는 틈새 개념을 학문적 깊이와 대중적 친화력으로 재포장하여 성공적인 퍼스널 브랜딩을 구축했습니다. 그녀의 유튜브 채널을 통해 형성된 106만 구독자 기반은 단순한 콘텐츠 소비층을 넘어 '실천 공동체'로 발전했으며, 이는 전통 의학과 디지털 마케팅의 시너지를 보여주는 좋은 사례입니다.

정세연 한의사의 성공은 의료인이 학술적 전문성과 엔터테인먼트 감각을 동시에 갖추어야 하는 현대적 과제에 대한 하나의 모범 답안을 제시합니다. 그녀는 한의학의 전통적 지혜를 현대인의 일상에 접목하는 과정에서, 단순한 지식 전달자가 아닌 건강한 생활 방식의 안내자로서 자신을 차별화했습니다.

이러한 접근법은 의료인들이 단순히 질병을 치료하는 역할을 넘어, 건강한 삶의 방식을 안내하는 더 넓은 사회적 역할로 확장할 가능성을 보여줍니다. 정세연 한의사의 사례는 의료인의 퍼스널 브랜딩이 개인적 성공을 넘어, 대중의 건강 인식과 생활방식을 변화시키는 긍정적인 사회적 영향력으로 이어질 수 있음을 보여주는 사례라 할 수 있습니다.

MZ세대 N잡러 수다꾼, 닥터프렌즈

최근 의료계에서는 전통적인 의사 이미지를 벗어나 대중과 적극적으로 소통하고, 다양한 분야에서 활동하는 MZ세대 의사들이 주목받고 있습니다. 그중에서도 유튜브 채널 '닥터프렌즈'는 의사 3명이 공동으로 운영하며 의학 지식과 엔터테인먼트 요소를 결합한 독특한 콘텐츠로 100만 명이 넘는 구독자를 확보하며 큰 인기를 얻고 있습니다. '닥터프렌즈'는 의사라는 직업에 대한 고정관념을 깨고, MZ세대의 감각으로 대중과 소통하며 퍼스널 마케팅의 새로운 가능성을 제시하고 있습니다.

"의사 친구처럼 편하게"라는 모토로 2017년 오진승(정신건강의학과), 우창윤(내과), 이낙준(이비인후과) 3인이 공동 운영을 시작한 닥터프렌즈는 기존 의료 콘텐츠의 딱딱함을 탈피하고, "의사끼리 주고받는 일상적 대화" 형식으로 접근성을 혁신했습니다. 이들의 핵심 목표는 의학 지식의 대중화와 의사 이미지 친근화였습니다.

닥터프렌즈의 콘텐츠 포맷은 의학 드라마 리뷰, 수술 게임 실황,

의료 사연 토크쇼 등 엔터테인먼트 요소를 적극적으로 활용한 것이 특징입니다. 〈슬기로운 의사생활〉과 같은 인기 의학 드라마를 리뷰하면서 의학적 정확성을 분석하고, 드라마 속 상황에 대한 현실적인 코멘트를 덧붙이는 방식은 시청자들에게 큰 재미를 선사했습니다.

닥터프렌즈의 성공 요인 중 하나는 3명의 의사가 각자의 전문 분야를 살려 시너지를 창출했다는 점인데요. 정신의학과 오진승 전문의는 심리학적 접근, 의료 드라마 배우 심리 분석을 재미나게 이끌고, 내과 우창윤 전문의는 복잡한 의학 개념을 단순화하고 과학적 근거를 전달하는 부분에서 특화되어 있습니다. 이비인후과 이낙준 전문의는 의학 드라마 작가와 연계하여 스토리텔링, 콘텐츠 기획 등에 강점을 발휘하고 있고요.

이러한 다학제적 협업은 심리-생리-문화적 접근을 통합하여 시청자들에게 더욱 폭넓고 깊이 있는 정보를 제공할 수 있게 했습니다. 특히, 기존 의료 콘텐츠와 차별화되는 혁신적인 콘텐츠 전략을 통해 대중의 관심을 사로잡았습니다.

1. 닥터프렌즈 유튜브 채널: 대중 친화적 주제와 상호작용 강화

닥터프렌즈 유튜브 채널은 의학 지식과 엔터테인먼트 요소를 결합한 새로운 장르를 개척했습니다. 〈슬기로운 의사 생활〉 리뷰는 의학 드라마에 대한 분석과 함께 드라마의 재미 요소를 부각하고, 수술 시뮬레이션 게임 실황은 의학적 지식과 게임의 흥미진진함을 결합하여 시청자들의 몰입도를 높였습니다.

"의사는 누구랑 결혼하나?", "의대생 시험 스트레스 해소법"과 같이 의사라는 직업에 대한 대중의 궁금증을 자극하는 주제를 선정하여 높은 조회 수를 기록했습니다. 이러한 주제들은 의사라는 직업에 대한 딱딱한 이미지를 벗고, 인간적인 면모를 보여주는 데 효과적이었습니다.

구독자들이 제보한 사연을 기반으로 Q&A 라이브 방송을 진행하고, 밈(meme)을 활용한 반응형 편집을 통해 시청자들의 참여를 유도했습니다.

2. 이낙준 의사의 작가 활동 연계 전략

닥터프렌즈의 멤버인 이낙준 의사는 웹소설 작가 '한산이가'로도 활동하며, 자신의 작가 활동을 채널 운영에 적극적으로 활용했습니다. 특히 이낙준 의사가 집필한 웹소설『중증외상센터—골든 아워』가 드라마화되면서, 닥터프렌즈 채널은 의학적 현실감을 극대화하는 데 성공했습니다.

닥터프렌즈는 드라마 속 수술 장면을 유튜브에서 리얼리티 검증하고, 〈의사와 의학드라마를 본다면〉 시리즈를 제작하여 의학 드라마에 대한 시청자들의 이해도를 높였습니다. 또한, 이낙준 의사는 의사, 작가, 유튜버라는 3중 직업군을 통해 차별화된 전문가 이미지를 구축했습니다.

닥터프렌즈의 퍼스널 마케팅 성공 요인은 다음과 같이 요약할 수 있습니다.

첫째, 군 복무 경험 공개, 개인적인 고민 토로 등 솔직한 모습을 통해 시청자들과 공감대를 형성했습니다.

둘째, 의학 드라마 패러디 영상 제작, 밈 생성 알고리즘 활용 등 엔터테인먼트 요소를 적극적으로 활용하여 재미를 더했습니다.

셋째, AI 자막, 화면 분할 기술 도입 등 새로운 기술을 활용하여 정보 전달 효율성을 높였습니다.

넷째, 구독자 참여형 콘텐츠를 통해 끈끈한 커뮤니티를 구축했습니다.

닥터프렌즈는 '전문성과 대중성의 교차점'에서 새로운 의료 커뮤니케이션 패러다임을 제시했습니다. 의학 지식의 엔터테인먼트화, 다중 직업군 융합, 참여형 콘텐츠 전략이 결합한 이 모델은 4차 산업혁명 시대 의료진 마케팅의 표준 사례가 아닐까 싶습니다.

특히 이낙준 의사의 창의적인 스토리텔링은 의학 콘텐츠의 예술적 승화 가능성을 입증하며, 의료-예술 융합형 인재의 전형을 보여줍니다. 닥터프렌즈의 성공은 앞으로 더 많은 MZ세대 의사들이 자신만의 개성과 전문성을 살려 대중과 소통하고, 새로운 가치를 창출해 나갈 수 있음을 시사하며 앞으로의 발전이 더욱 기대되는 바입니다.

에필로그

다소 빠른 호흡으로 『의사 마케팅』 책의 원고를 탈고했습니다. 아마 하고 싶은 얘기였기 때문에 빠르게 정리할 수 있었을 것이고, 그러기에 다소 부족할 수도 있습니다.

대한민국은 의대 열풍으로 인해 의사가 되기도 힘들고, 막상 의사가 되어도 입시만큼 치열한 마케팅 전쟁으로 의사 라이프가 마냥 녹록하지만은 않습니다. 잘되는 병원도 많지만, 잘 안되는 병원도 많기에 진료에만 충실할 수 없는 안타까운 현실이 이어지고 있습니다.

제가 병원 인하우스 홍보 마케터라는 직업을 가졌던 20여 년 전만 해도 병원 마케팅이 이렇게 치열하지는 않았습니다. 하지만 수익이 나는 병원 운영을 위해서는 마케팅이 필요하게 되었고, 이로 인해 홍보 마케팅 비용은 과다 출혈 경쟁이 시작되었습니다. 네이버를 기반으로 한 온라인 광고비는 기본이고, TV 프로그램, 심지어 홈쇼핑까지 진출하는 의사들이 늘어나기 시작했습니다. 이러한 마케팅 때문에 '스타 닥터'가 늘어났다면 한편에서는 이런 분들을 '쇼 닥터'라고 부르면서 깎아내리던 시선도 공존했습니다.

하지만 유튜브라는 1인 채널이 등장하면서 쇼 닥터라는 말도 쏙 들어가게 되었습니다. 재능만 있다면 누구나 개인 채널에서 자신의 이야기를 하고 싶어 하고, 개인 채널에 도전하고 있습니다. 이러한 채널을 통해 의사는 우리 병원, 나의 이야기를 얼마든지 자유롭게 하고, 환자는 수많은 의사를 직접 병원에 가서 만나지 않아도 영상, SNS를 통해 직간접적으로 미리 만날 수 있고, 다시 만날 수도 있게 되었습니다.

그래서 이제 병원을 기억하기보다 내가 만날 의사, 만난 의사, 만났던 의사에 대해 환자가 기억하고 선택하고 평가하는 과정이 매우 자유롭고 열려 있습니다. 의사는 환자를 처음 보지만, 환자는 이미 의사를 이미지, 영상, SNS를 통해 미리 만나고 있습니다. 의사로서는 환자를 잘 만나면 '의느님'이 되지만, 잘못 만나면 '횟감'처럼 도마 위에 쉽게 올라가는 세상이 된 거죠.

소개팅할 때도 매력이 중요하듯, 치료 실력을 기반으로 의사 각자가 인간적으로 가진 매력이 중요합니다. 이제는 그 매력을 보여주고 어필해야 환자에게 선택받을 수 있습니다. 그리고 첫 만남만 잘해서 되는 것이 아니라 꾸준히 전략적으로 이 만남을 관리하는 것이 중요합니다.

매력이라는 것은 분명 존재하지만, 타고난 얼굴이나 본성을 다

바꿀 수는 없습니다. 하지만 글, 영상, 커뮤니케이션, 컬러, 경험을 전략적으로 관리하면 마케팅적으로 환자들에게 효과적으로 어필할 수 있습니다. 마지막 장에서 다뤘던 퍼스널 마케팅에 성공한 의료인들도 본인의 치료 철학을 기반으로 다양한 매체에서 전략적으로 어필했다는 공통점을 가지고 있습니다.

심의를 통해 병원의 자랑을 해야 하는 한계를 뛰어넘어, 나 자신으로 환자들에게 진정성 있게 다가가시는 것을 추천해 드립니다. 국민이 다 아는 의사가 아니어도, 내가 병원을 운영하는 지역에서 오늘 만난 환자에게 각인을 시키고 이를 유지하는 것! 이것이 이 책에서 말하고 싶은 핵심입니다.

이 책을 읽는 분들 모두 환자에게 기억되는 의사가 되기를 소망합니다. 병원 마케터라면 나와 함께 일하는 의료진이 환자에게 어떻게 하면 기억되게 할 수 있을지 치열하게 고민하셨으면 좋겠습니다. 저도 함께 고민하겠습니다. Keep Going.

다시금 책을 쓸 수 있는 건강과 마음을 주신 하나님께 감사드립니다. AI의 활용을 통해 좀 더 빠르게 집필을 끝낼 수 있었으니 문명의 이기에도 감사합니다.

2025. 4.
의사 퍼스널 마케팅 및 병원 홍보 조직 운영 및
실무 교육을 위해 일하고 있는

이혜원 드림